LOS INGENIEROS DEL CAOS

Giuliano da Empoli

LOS INGENIEROS DEL CAOS

OBERON

Título original: *Les ingénieurs du chaos*

Traductor: Nicolás Boullosa
Revisión: Gelsys M. García Lorenzo
Traducción del epílogo y maquetación: Claudia Valdés-Miranda Cros
Responsable editorial: Eugenio Tuya Feijoó

Primera edición: 2020
5.ª reimpresión revisada: junio de 2025

Título original: *Les ingénieurs du chaos*

Calle Valentín Beato, 21, 28037 Madrid.

Depósito legal: M-3140-2020
ISBN: 978-84-415-4219-8
Impreso en España.

«Los malos, sin duda, han comprendido algo que los buenos no saben».

—Woody Allen

Sobre el autor

Nacido en París en 1973, Giuliano da Empoli dirige el laboratorio de ideas Volta en Milán. Ex alumno del prestigioso Instituto de Estudios Políticos de París, Sciences Po, fue vicealcalde de Cultura en Florencia y más tarde asesor político del primer ministro italiano Matteo Renzi. Es autor de numerosos ensayos, entre ellos *La peste et l'orgie* (2006) y *Le Florentin* (2016). Reside en París.

En abril de 2022 publicó *Le Mage du Kremlin* en la Collection Blanche, que obtuvo el Premio Honoré de Balzac, el Grand Prix de la Academia Francesa y fue finalista del último premio Goncourt.

Índice

Sobre el autor 6
Introducción 8
El Silicon Valley del populismo 23
El Netflix de la política 37
Waldo a la conquista del planeta 63
Trol Supremo 89
La extraña pareja en Budapest 119
Los físicos 139
Conclusión. La era de la política cuántica 163
Epílogo 175
Notas bibliográficas 187

Introducción

El 19 de febrero de 1787, Goethe se hallaba en Roma. Recién llegado a la ciudad al inicio del otoño, decidía instalarse en un apartamento anónimo de la Via del Corso, desde donde podía contemplar, sin ser visto, el bullicio de la arteria principal del centro histórico. El poeta había venido a buscar en la ciudad eterna todo lo que, hasta ese momento, había faltado en su vida de niño prodigio de la literatura alemana, de consejero privado del gran duque de Weimar, de responsable de minas y caminos del ducado. Sobre todo, había venido a buscar la libertad de disponer de su tiempo a placer. Para no ser importunado por los admiradores del joven Werther que, dondequiera que fuera, lo habían estado persiguiendo durante años, optó por procurarse una identidad falsa, la de un pintor, Jean-Philippe Möller, que le garantizaba en ese momento una tranquilidad que él sentía necesaria.

Pero ese día, el poeta escuchó un gran revuelo en el exterior. Se asomó entonces a la ventana y asistió a una escena inesperada: en los balcones y ante las puertas de los inmuebles vecinos, los habitantes habían dispuesto sillas y alfombras como si, de repente, quisieran transformar la calle en sala de estar. Mientras tanto, en el Corso, el sentido del movimiento de los carruajes se había invertido, suscitando el caos, y unos personajes peculiares habían aparecido de repente entre la multitud. «*Unos jóvenes disfrazados de mujeres del vulgo, acicalados con sus vestidos de fiesta, a pecho descubierto, descarados hasta la insolencia, provocan a los hombres con que tropiezan, tratan de tú y sin consideración a mujeres y hombres por igual, se abandonan a todos los excesos, según les dicten el capricho, el ingenio y la vulgaridad*». De manera simétrica, «*las mujeres se divierten a su vez mostrándose en ropa de hombre*», lo que daba pie a efectos ambiguos que el poeta no dudó en calificar de «muy interesantes». Había incluso, en medio del gentío, un personaje con dos caras: «*No entiendes dónde está su anverso y dónde su reverso, ni si va o viene*».

Era el arranque del carnaval, la fiesta que pone el mundo patas arriba y revierte no solo las relaciones entre los sexos, sino también entre las clases y todas las jerarquías que normalmente administran la vida social. «*Aquí, basta solo una señal* —escribe de nuevo Goethe— *para anunciar que todo el mundo puede desmadrarse como quiera y que, a excepción de la greña a bastonazos y a navajazos, se permite casi todo. La diferencia entre castas, altas y bajas, parece, por un instante, interrumpida; todos se agolpan sin distinción, todos aceptan con desenvoltura lo que les acontezca, mientras que la libertad y el consentimiento mantienen su equilibrio gracias al buen humor universal*».

En el interior de esta atmósfera, los cocheros se disfrazaban de señores y los señores de cocheros. E incluso los clérigos en hábito negro, por lo general detentores del máximo respeto, se convertían en blanco ideal de tiradores de proyectiles de tiza y arcilla. Así, rápidamente, los infortunados aparecían cubiertos de pies a cabeza de manchas blancas y grises. Nadie era inmune a un ataque y mucho menos los miembros de las familias más respetables, concentradas en torno al Palazzo Ruspoli, donde se desataban más bien los asaltos más inclementes y las trifulcas más sangrientas. Al mismo tiempo, los polichinelas, que aparecían por cientos, se reunían en otro lugar para elegir a un rey, coronarlo, ponerle un cetro en la mano, acompañarlo al son de la música y conducirlo a grito pelado a lo alto del Corso en un pequeño carro decorado.

Todo ocurría en una atmósfera de alegría general, aunque Goethe no dejara de percibir algunos equívocos: «*No es raro* —escribe en una ocasión— *que la lucha se vuelva seria y general; y entonces es aterrador ver la crueldad y el odio personal con que todos se ensañan*». O, al describir la carrera de caballos que tenía lugar en el Corso, mencionaba los graves incidentes y las «*numerosas tragedias que, además, pasan desapercibidas y a las cuales no se concede importancia alguna*». Este era el lado oscuro del carnaval, la combinación inextricable de la fiesta y de la violencia en la que se basaba su potencial subversivo y que casi siempre dejaba a los participantes con la duda latente sobre la verdadera naturaleza de lo que había sucedido en realidad. El carnaval no era una fiesta cualquiera, sino la expresión de un sentimiento profundo e incontenible que ardía bajo los rescoldos de la cultura de los pueblos. No es casualidad que, como señala una vez más Goethe, no se tratara de una celebración que las autoridades ofrecían al pueblo, sino más bien de una «*fiesta que el pueblo se ofrece a sí mismo*».

Desde la Edad Media, el carnaval había servido al pueblo de oportunidad para derrocar, de manera simbólica y por un tiempo limitado, todas las jerarquías instituidas entre el poder y los dominados, entre lo noble y lo banal, entre lo alto y lo bajo, entre lo refinado y lo grosero, entre lo sagrado y lo profano. En esta atmósfera, los tontos se volvían sabios, los reyes mendigos, y la realidad se confundía con la fantasía. Una transformación simbólica que casi siempre terminaba con la elección de un rey, un sustituto temporal de la autoridad vigente.

No debería sorprender, por tanto, que el límite entre la dimensión lúdica y la dimensión política del carnaval haya sido siempre bastante frágil. Así lo manifiestan los numerosos episodios durante los cuales la festividad se convirtió en una revuelta, hasta el punto de ocasionar auténticas masacres, cada vez que la población no se conformó con destituir a los poderosos para burlarse, sino que trató de asesinarlos de verdad.

Tampoco debería sorprender que esta fiesta fuera abolida en todas partes, incluso en Roma, tras la Revolución francesa, por temor al efecto contagio. En Francia, fueron los propios jacobinos quienes abolieron el carnaval y llegaron a castigar con la pena de muerte a todo aquel que hubiera tenido la audacia de disfrazarse. «*Es una buena celebración para los pueblos de esclavos*», dirá Marat; la Revolución había logrado, de verdad y de una vez por todas, el derrocamiento, por lo que carecía de sentido seguir con la farsa: circulen, no hay nada que ver.

Sin embargo, ningún poder ha podido liberarse por completo del carnaval y de su espíritu subversivo. A lo largo de los siglos, este ha dejado de recorrer las calles para replegarse en los panfletos y caricaturas de los periódicos populares, hasta resurgir, más recientemente, en la sátira de programas televisivos y en las invectivas de los troles de Internet. Pero es solo hoy cuando el carnaval ha abandonado su lugar preferido, al margen de la conciencia del hombre moderno, para adquirir una nueva centralidad y posicionarse en calidad de nuevo paradigma de la vida política global.

En Roma, más de dos siglos después de la visita de Goethe, el carnaval recupera su posición privilegiada. El 1 de junio de 2018, un nuevo Gobierno tomaba posesión. Su líder es Míster Chance, el jardinero. Como Peter Sellers en la película *Bienvenido, Mr. Chance*, Giuseppe Conte —el nuevo presidente del Consejo— es un personaje anónimo que siempre está un poco fuera de lugar y, a través de una serie de extrañas circunstancias, llega a la cima del poder. Pero, a diferencia del jardinero, al día siguiente del nombramiento de este profesor desconocido y sin experiencia política alguna, los principales periódicos extranjeros trataban de desenmascararlo. Revelaban, asimismo, que la única información disponible sobre Míster Conte, su currículum publicado en línea, estaba repleto de noticias falsas[1]. A partir de ese momento, empezaban a llover de todo el planeta los desmentidos de las universidades más prestigiosas del mundo —New York University, Cambridge, la Sorbona—, citadas en el CV del jardinero como «lugar de desarrollo», las cuales deseaban aclarar que no conservaban ningún rastro de su paso.

No obstante, a pesar del desenmascaramiento internacional, el impasible Míster Conte continuaba su ascenso a la cima de las instituciones italianas. Ello permitía a los dos líderes políticos del Movimiento 5 Estrellas y de la Liga, los verdaderos hombres fuertes del nuevo Gobierno, lograr su objetivo: ocupar, discretamente, los escalafones del podio inmediatamente inferiores. Al menos el primero, el líder del Movimiento 5 Estrellas, Luigi di Maio, nombrado vicepresidente del Consejo y ministro de Industria y Trabajo, no tenía problemas de currículo. De treinta y tres años de edad y sin título universitario, este apenas había tenido una sola experiencia profesional a cuestas antes de convertirse en diputado gracias a los 189 votos obtenidos en las elecciones primarias en línea del Movimiento 5 Estrellas: empleado como mayordomo en el estadio de San Paolo de Nápoles («*Ostenté un cargo de alta responsabilidad* —había declarado al *Corriere della Sera*—, *acompañé a muchos VIP a su butaca*»). Pero ello no le impidió asumir rápidamente uno de los roles principales del nuevo carnaval romano y destacar gracias a

1. N. del T.: el autor opta por la expresión anglosajona «*fake news*».

su habilidad inefable para afirmar una cosa y su contraria en el transcurso de unas horas y protagonizar deslices y *fake news*[2] sin cesar. Como la ocasión en la que declaró que el Gobierno estaba imprimiendo seis millones de tarjetas para implantar una renta básica ciudadana, cuando la disposición legislativa que debía establecerlo no había sido aprobada ni discutida siquiera en el Parlamento. O la ocasión en que, de visita oficial en China, se había dirigido al máximo líder, Xi Jinping, llamándolo «señor Ping».

El auténtico hombre fuerte, coronado por *Time Magazine* como el nuevo rostro de Europa, era, sin embargo, el otro vicepresidente, Matteo Salvini; quien, desde el momento de asumir el cargo, encarnaba la descarada pantomima de un ministro de Interior capaz de tuitear casi a diario para propagar el miedo e incitar al odio racial. Desde el inicio de su mandato, varias docenas de «vídeos impactantes» publicados en línea por el propio Salvini hacían referencia a crímenes o abusos cometidos por negros o inmigrantes ilegales, desde los casos más graves a los eventos más triviales. «*Hoy, en toda Italia* —comentaba, por ejemplo, en el verano de 2018—, *los musulmanes fieles han celebrado la fiesta del sacrificio, que prevé el sacrificio de un animal, al que degüellan. En Nápoles, esta cabra fue rescatada en el último instante, pero en el resto del país cientos de miles de animales han sido sacrificados sin piedad*».

De manera patente, a pesar de ocupar un cargo institucional, «el Capitán», como lo llaman sus partidarios, no se esforzaba demasiado en conocer la veracidad de los hechos que avanzaba. No dudó en difundir información falsa sobre solicitantes de asilo que supuestamente habrían organizado una

2. N. del T.: en inglés en el original.

manifestación en Vicenza para reivindicar el derecho a ver el canal de televisión por cable Sky. Una historia que había sido desmentida por la Prefectura, es decir, por un órgano perteneciente al Ministerio que dirigía el propio Salvini.

En su primera aparición en escena, los otros miembros del Gobierno resultaron ser, desde el primero hasta el último, desconocidos del público italiano. Pero estos no tardaron mucho en ponerse a tono. De este modo, el mismo día que asumía el cargo, el nuevo ministro de Familia declaraba que «las familias gais no existen». Cuando se preguntó a la ministra de Salud sobre las vacunas, sostuvo estar personalmente a favor, pero que también se podían apoyar las opiniones contrarias. Por su parte, el ministro de Justicia puso inmediatamente entre las prioridades una de las medidas emblemáticas de su programa: la abolición de la prescripción de delitos. En el país del populismo real, debía ser posible demandar a cualquiera, en cualquier momento. Y no fue casual que, cuando pidiera la confianza del Parlamento para su Gobierno, el Sr. Conte tuviera un desliz y declarara estar listo para defender la «presunción de culpabilidad».

Unos días después, para completar las filas del Gobierno, aparecían en escena otros personajes que, a su vez, parecían haber sido seleccionados en una audición de Monty Python. El nuevo subsecretario de Estado a cargo de los asuntos parlamentarios, Maurizio Santangelo, es un adepto a la teoría conspirativa de las estelas químicas, según la cual los aviones de pasajeros serían usados por los gobiernos para diseminar por la atmósfera agentes químicos o biológicos nocivos para la población. Para ratificar esta teoría, este publica ocasionalmente en las redes sociales imágenes de estelas blancas que él considera sospechosas, acompañadas de comentarios del tipo: «¿En qué te hace pensar este cielo?».

El subsecretario de Estado del Ministerio del Interior, Carlo Sibilia, no era por su parte de los que dejaban engañar: la idea de que los estadounidenses habrían pisado la Luna todavía no le convencía. «*Hoy es el aniversario del alunizaje* —tuiteaba—. *¿Es todavía posible que nadie haya tenido el coraje de decir que fue una farsa?*». Pero el más hábil en lo que respecta a teorías conspirativas era, sin duda alguna, el secretario de Estado de Asuntos Europeos, Luciano Barra Caracciolo, quien, en su bitácora *Orizzonte48*, atacaba el euro, comparaba la Unión Europea con la Alemania nazi y reavivaba conciliábulos como Peligro Circular, según el cual los poderes financieros en la sombra habrían abolido la esclavitud a cambio de un modelo opresivo más sutil basado en el control de la moneda.

Solo el carnaval político romano ha logrado llevar el desmadre aún más lejos que la fantasía de Barra Carracciolo. De hecho, la escena política italiana ha comprobado cómo la mayoría de sus protagonistas intercambiaban sus máscaras durante el verano de 2019, al pasar de un Gobierno soberanista antieuropeo, guiado por Míster Conte, a un Gobierno progresista proeuropeo todavía dirigido por el inefable jardinero Conte, acompañado de su cortejo de polichinelas; entre ellos, el líder del Movimiento 5 Estrellas, Luigi di Maio, promovido a ministro de Relaciones Exteriores gracias, presumiblemente, a sus excelentes relaciones con el «señor Ping»...

Pero si Italia va fuerte como de costumbre, el retorno por la puerta grande del carnaval va mucho más allá de la península itálica. Un poco por todas partes, tanto en Europa como en otros lugares, el auge del populismo ha tomado la forma de un baile frenético que anula todas las reglas establecidas y las transforma en sus respectivas antagonistas. Los defectos de los líderes populistas se transforman, a ojos de sus electores, en cualidades. Su inexperiencia sería la prueba de que no pertenecen al círculo corrupto de las élites y su inexperiencia se percibe como garantía de su autenticidad. Las tensiones que se producen a nivel internacional serían un ejemplo de su independencia y las *fake news*[3], que nutren su propaganda, el símbolo de su libertad de espíritu.

En el mundo de Donald Trump, de Boris Johnson y de Jair Bolsonaro, cada día lleva su desatino, su controversia, su golpe de efecto. Apenas hemos tenido tiempo para comentar un evento cuando otro lo ha eclipsado ya, en una espiral infinita que cataliza la atención y satura la escena mediática. Frente a este espectáculo, existe la gran tentación, para muchos observadores, de alzar la mirada al cielo y dar la razón al Bardo: ¡El tiempo ha perdido sus estribos! Sin embargo, tras las apariencias desenfrenadas del carnaval populista, se oculta el duro trabajo de docenas de *spin doctors*[4], de ideólogos y, cada vez más, de científicos y expertos en *Big Data*[5], sin los cuales los líderes populistas nunca habrían alcanzado el poder. Este libro cuenta su historia.

Esta es la historia de un experto en marketing italiano que comprendió, a principios de la década de 2000, que Internet revolucionaría la política, a sabiendas de que la era no estaba todavía lista para un partido puramente digital. De este modo, Gianroberto Casaleggio enrolará a un humorista, Beppe Grillo, para convertirlo en el primer avatar de carne y hueso de un partido-algoritmo, el Movimiento 5 Estrellas, asentado enteramente sobre la recopilación de datos de los electores y la satisfacción de sus demandas, ajeno a todo

3. N. del T.: en inglés en el original. En adelante, «noticias falsas».
4. N. del T.: en inglés en el original. En adelante, «propagandistas».
5. N. del T.: en inglés en el original.

sostén ideológico. Es casi como si, en lugar de ser reclutada por Donald Trump, una sociedad de inteligencia de datos[6] al estilo de Cambridge Analytica hubiera tomado directamente el poder y elegido a su propio candidato.

Es la historia de Dominic Cummings, el director de la campaña del Brexit, quien había afirmado: «*Si quieres progresar en política, no emplees a expertos o comunicadores, sino más bien a físicos*». Gracias al trabajo de un equipo de científicos, Cummings pudo embaucar a millones de votantes indecisos de cuya existencia sus adversarios no tenían siquiera sospecha, gracias al envío de los mensajes más oportunos, en el momento más oportuno, para convertirlos a la causa del Brexit.

Es la historia de Steve Bannon, hombre orquesta del populismo estadounidense, quien, tras conducir a Donald Trump a la victoria, sueña ahora con fundar una Internacional Populista para combatir lo que él llama el partido de Davos de las élites globales.

Es la historia de Milo Yiannopoulos, el bloguero inglés a través del cual la transgresión ha cambiado de bando. Si, en la década de 1960, los gestos de provocación de los manifestantes se proponían movilizar la moral común y romper los tabúes de una sociedad conservadora, hoy los nacional-populistas adoptan un estilo transgresor en sentido opuesto: romper los códigos de la izquierda y de lo *politically correct*[7] se ha convertido en la primera consigna de su comunicación.

Es la historia de Arthur Finkelstein, un homosexual judío de Nueva York que se convirtió en el asesor más eficaz de Viktor Orban, abanderado de la Europa reaccionaria,

---

6. N. del T.: «Big Data» en el texto en francés.
7. N. del T.: en inglés en el original. En adelante, «políticamente correcto».

comprometido en una lucha sin tregua en la defensa de los valores tradicionales.

Juntos, estos ingenieros del caos están reinventando una propaganda adaptada a la era de los selfis[8] y de las redes sociales y, al hacerlo, están transformando la naturaleza misma del juego democrático. Su acción es la traducción política de Facebook y Google. Esta es naturalmente populista porque, al igual que las redes sociales, no tolera ningún tipo de intermediación y usa con todo el mundo la misma vara de medir, con un solo parámetro de juicio: los *me gusta*. Es indiferente al contenido porque, como las redes sociales, solo tiene un objetivo: el que los jóvenes genios de Silicon Valley llaman «compromiso»[9] y que en política se traduce como adhesión inmediata.

Si el algoritmo de las redes sociales se ha programado para servir al usuario cualquier contenido que pueda atraerlo un poco más a menudo y mantenerlo un poco más de tiempo en la plataforma, el algoritmo de los ingenieros del caos los empuja a la posición que haga falta (razonable o absurda, realista o intergaláctica), a condición de que capte las aspiraciones y los temores —especialmente los temores— de los votantes.

Para los nuevos doctores *Strangelove*[10], la jugada no consiste ya en unir a la gente en torno a un mínimo común denominador, sino, en cambio, inflamar las pasiones del mayor número posible de grupúsculos y sumarlas a continuación, incluso sin que estos lo sepan. Para conquistar una

8. N. del T.: en inglés en el original.

9. N. del T.: el autor usa el vocablo en inglés entre comillas: «engagement».

10. N. del T.: Referencia a la comedia satírica cinematográfica, escrita y dirigida por Stanley Kubrick, *¿Teléfono rojo?, volamos hacia Moscú* (título original: *Dr. Strangelove or: How I Learned to Stop Worrying and Love the Bomb*), estrenada en 1964.

mayoría, su idea no es converger hacia el centro, sino aglutinarse en los extremos.

Al azuzar la ira de cada grupúsculo sin preocuparse por la coherencia del conjunto, el algoritmo de los ingenieros del caos diluye las viejas barreras ideológicas y rearticula el conflicto político sobre la base de una oposición maniquea entre el «pueblo» y las «élites». En el caso del Brexit, así como en el de Trump y el de Italia, el éxito de los nacional-populistas se mide por su capacidad de hacer saltar por los aires la división izquierda/derecha y captar votos de todos los enojados, no solo los de los fachas.

Por supuesto, al igual que las redes sociales, la nueva propaganda se alimenta principalmente de emociones negativas porque estas aseguran la mayor participación; de ahí el éxito de las noticias falsas y las teorías de la conspiración. Pero también cuenta con un lado festivo y liberador, demasiado a menudo pasado por alto por quienes hacen hincapié en el lado oscuro del carnaval populista. El escarnio ha sido siempre el instrumento más eficaz para derribar las jerarquías. Durante el carnaval, un buen ataque de hilaridad entierra la pompa del poder, sus reglas y sus pretensiones. No hay nada más devastador para la autoridad que la impertinencia que la convierte en blanco de las burlas. Ante la solemnidad programática del poder, frente al aburrimiento y la arrogancia que emanan de cada uno de sus gestos, el bufón transgresor al estilo Trump o la explosión contestataria al estilo de los «chalecos amarillos» provocan una sacudida que libera energías. Los tabúes, las hipocresías y las convenciones lingüísticas se desmoronan en medio de los aplausos de la multitud delirante.

Durante el carnaval, no hay sitio para el espectador pasivo. Todo el mundo participa en la celebración furibunda y no hay insulto o broma demasiado vulgares si contribuyen a la demolición del orden dominante y su sustitución por una dimensión de libertad y fraternidad. El carnaval produce en quienes participan en él un intenso sentimiento de plenitud y renacimiento, el sentimiento de pertenencia a un cuerpo colectivo que se renueva. De espectador todo el mundo pasa a ser actor, sin discriminación alguna en función de los ingresos o el nivel educativo. La opinión del primer transeúnte vale tanto como la del experto, o más incluso. Mientras tanto, la máscara ha cambiado de lugar en Internet, donde el anonimato produce el efecto de la desinhibición que, en épocas pretéritas, surgía al ponerse un disfraz. Los troles son los nuevos polichinelas que vierten gasolina sobre el fuego liberador del carnaval populista.

En este ambiente, no hay nada más pernicioso que interpretar el rol de aguafiestas. El verificador[11] que subraya la falta con bolígrafo rojo, el liberal que señala con un arqueo de cejas su indignación ante la vulgaridad de los nuevos bárbaros. «*He aquí el motivo de la infelicidad de la izquierda* —dice Milo Yiannopoulos—: *no tiene la más mínima inclinación a la comedia o la celebración*». A ojos de los populistas en plena jarana, el progresista es un pedante con ademán afectado. Su pragmatismo es percibido como sinónimo de fatalismo, mientras que los reyes del carnaval prometen dinamitar la realidad existente.

La vida no solo consta de derechos y deberes, cifras que respetar y formularios que cumplimentar. El nuevo carnaval no atiende al sentido común, sino que despliega su propia lógica, más cercana al teatro que a las aulas, más deseosa de cuerpos e imágenes que de textos e ideas, más centrada en la intensidad narrativa que en la exactitud de los hechos. Una razón sin duda muy alejada de las abstracciones cartesianas, pero no por ello

11. N. del T.: el autor usa en el original en francés la expresión en inglés «*fact-checker*».

privada de una coherencia inesperada, sobre todo en lo concerniente a su manera sistemática de derrocar las normas consolidadas para proclamar otras de signo opuesto.

Tras el aparente disparate de las noticias falsas y las teorías conspirativas se oculta una lógica muy sólida. Desde el punto de vista de los líderes populistas, los hechos alternativos no son solo un mero instrumento propagandístico. A diferencia de la información fehaciente, son un formidable factor de cohesión. «*En muchos sentidos, los exabruptos son un instrumento organizativo más eficaz que la verdad* —escribía Mencius Moldbug, bloguero de la derecha alternativa[12] estadounidense—. *Cualquiera puede creerse la verdad, mientras que creer en lo absurdo es una auténtica muestra de lealtad. Y quien tiene un uniforme tiene un ejército*».

Así, el líder de un movimiento que integra noticias falsas para construir su propia visión del mundo se desmarca del común de los mortales. No se trata de un burócrata pragmático y fatalista como los demás, sino de un hombre de acción que construye su propia realidad para satisfacer las expectativas de sus discípulos. En Europa como en otros lugares, las mentiras están en boga porque se funden en un relato político que capta los miedos y las aspiraciones de una parte creciente del electorado, mientras que los hechos de quienes luchan contra ellos se insertan en una narrativa que ya no se considera creíble. En la práctica, para los seguidores de los populistas, la veracidad de los hechos tomados uno por uno no cuenta. Lo que cuenta como cierto es el mensaje en su conjunto, que se adecúa a la experiencia y sensaciones de estos. Frente a esta evidencia, es

12. N. del T.: la extrema derecha estadounidense ha tratado de renovar su imagen pública identificándose con el neologismo «*Alt-Right*» (de «*alternative right*», o derecha alternativa).

inútil acumular datos y correcciones, siempre que la visión general de los gobiernos y partidos tradicionales se siga percibiendo por un número creciente de votantes como irrelevante respecto a la realidad.

Para combatir la ola populista, hay que comenzar por entenderla y no limitarse a condenarla, ni tampoco devaluarla como una nueva «época del esperpento[13]», tal y como ha hecho George Osborne, ex canciller del Exchequer[14] de David Cameron, en el título de su último libro. El carnaval contemporáneo se nutre de dos ingredientes que no tienen nada de irracional: la ira de algunos ámbitos de la clase trabajadora, que se alimenta de motivos sociales y económicos reales; y una maquinaria de comunicación imponente, originalmente concebida con fines comerciales, que se ha convertido en el principal instrumento de quienes quieren multiplicar el caos.

Si bien he elegido, para este libro, centrarme en este segundo aspecto, ello no implica en modo alguno negar la importancia de las causas reales del descontento. Las acciones de los ingenieros del caos no lo explican todo, ni mucho menos. Lo que hace que estos personajes sean interesantes es más bien el hecho de que fueran capaces de instrumentalizar antes que nadie los signos de la transformación en curso, y la manera en que se han sabido aprovechar para pasar de los márgenes al centro del sistema. Para bien y, sobre todo, para mal, sus intuiciones, contradicciones e idiosincrasias son las de nuestro tiempo.

---

13. N. del T.: el término hispano «esperpento», acuñado por Ramón María del Valle-Inclán, se amolda al sentido que el autor quiere conceder al fenómeno con una expresión análoga en clave francesa, «Âge de la Déraison».

14. Equivalente al cargo de ministro de Hacienda en el Reino Unido.

El Silicon Valley del populismo

Los estadounidenses siempre parecen inofensivos. Especialmente cuando se hallan inmersos en el ambiente cínico e irresponsable de un lugar como Roma. Es algo que se debe seguramente a la expresión de su rostro o quizá a la manera que tienen de vestirse. El que está sentado frente a mí no es una excepción a la regla. Se dispone, por cierto, a gratificarme con un *muffin* antes de que me haya podido sentar en el canapé de su suite de hotel. Sin embargo, se trataría del diablo en persona. Incluso ha sido apodado Darth Vader. O el Gran Manipulador, según la revista *Time*. El actor político más peligroso de Estados Unidos, ha proclamado *Bloomberg News*. Y todo eso antes incluso de realizar una decisiva contribución a la elección de Donald Trump a la Casa Blanca, el 8 de noviembre de 2016.

Sus amigos afirman que, si se oye una explosión en algún sitio, es probable que sea porque Steve Bannon ande por ahí, con una caja de cerillas entre las manos. Y esa es la razón que lo trae a Roma al menos una vez al mes. En la ciudad eterna, el riesgo de acabar como el marciano de la historia de Ennio Flaiano[1] nunca está lejos: desembarcas la primera vez y te acogen como a un santo, el mundo se detiene y la gente te pasea a hombros. Luego, después de un tiempo, los romanos se acostumbran a ti, del mismo modo que se han habituado a cualquier cosa bajo el sol desde hace dos mil años, y acabas siendo increpado por los niños en la calle con un «¡Oye, tú, el marciano!». Pero, de momento, Bannon todavía se encuentra en estado de gracia. Concede entrevistas, participa en reuniones, charla a menudo con Matteo Salvini y Luigi Di Maio,

1. Ennio Flaiano (1910-1972), escritor y periodista italiano, autor del cuento satírico «*Un marziano a Roma*» (1954), adaptado para la Rai, la televisión pública italiana, en 1983.

por quienes muestra una admiración sin límites. En los momentos de reposo, se recupera en su suite del Hôtel de Russie. Al fin y al cabo, este lugar legendario, a donde acudían las princesas y los consejeros del zar, le conviene. No por asuntos contemporáneos de oligarcas y manipulaciones electorales. Más bien porque Bannon es un poco el Trotsky de la revolución populista, una mezcla de ideólogo y de hombre de acción que tiene la ambición, con su «Movimiento», de incitar a las masas populares europeas a rebelarse contra lo que él define como «el partido de Davos».

Cuando se le pregunta cuál es su papel en este movimiento, Bannon, modesto, se hace el longui. «*Soy un estudiante global del movimiento populista y vengo aquí a aprender*». Pero la respuesta real es un poco más ambiciosa.

Siempre vestido con dos camisas superpuestas, Bannon es un producto nato de la clase obrera estadounidense que, gracias a su talento y a su ambición, ha atravesado todos los lugares simbólicos del poder americano —el ejército, Virginia Tech, Georgetown, Harvard Business School, Goldman Sachs, luego Hollywood y finalmente Washington— sin renunciar nunca a su resentimiento de origen, sino, al contrario, acumulando agravios por doquier para asaltar a capa y espada el mundo de las élites, que él considera una casta blindada de traidores del pueblo.

Tras los pasos de su maestro Andrew Breitbart, fundador del sitio homónimo de contrainformación, Bannon fue uno de los primeros en comprender que «*politics is downstream from culture*[2]», la política deriva de la cultura. Desde los

2. N. del T.: en el original en inglés. Traducción: la política es tributaria de la cultura (al encontrarse, metafóricamente, «río abajo»).

inicios, luchó para arrebatar a la *intelligentsia* progresista[3] el cetro de la hegemonía cultural. Así, en Hollywood, se embarcó en la producción de documentales extremadamente *kitsch*, repletos de citas filosóficas y melodías wagnerianas, sobre el espíritu estadounidense, el choque de civilizaciones y la alternancia de las generaciones que fraguan la historia y determinan, por tanto, el curso de los acontecimientos. Y es por esta misma razón que, tras la muerte de su fundador, transformó *Breitbart News* en punto de encuentro de la derecha alternativa estadounidense —una panda heterogénea de nacionalistas, de conspiracionistas, de milenaristas y de simples indignados, todos ellos determinados a imponer un punto de vista distinto sobre las principales cuestiones en el centro del debate: la inmigración, el libre comercio, el papel de las minorías y los derechos civiles—. A través de la apertura de una redacción en Texas para seguir de cerca el fenómeno de la inmigración clandestina, la financiación de *think tanks*[4] destinados a estudiar los estragos causados por el *establishment*[5] en general y por la familia Clinton en particular, la movilización de blogueros y troles para marcar el tono del debate en las redes sociales, y con la participación en el lanzamiento de una empresa de macrodatos[6] aplicada a la política —Cambridge Analytica, que protagonizará un escándalo global poco tiempo más tarde—,

3. N. del T.: el autor usa el término «liberal» en el sentido originario con que se emplea en el mundo anglosajón (sinónimo de renovador, independiente, progresista).
4. N. del T.: en inglés en el original. Laboratorios de ideas (grupos de expertos compuestos por investigadores e intelectuales para la investigación estratégica).
5. N. del T.: poder establecido, élites políticas y económicas.
6. N. del T.: el autor usa «Big Data».

Bannon se convirtió en el hombre-orquesta del populismo estadounidense. De modo que, cuando el ciclón Trump golpeó las primarias republicanas en 2016, él estaba allí, listo para convertirse en la inspiración en la sombra y, más tarde, en el estratega oficial de la campaña más transgresora en la historia política de Estados Unidos.

Obviamente, después de las elecciones, Steve perdió un poco los estribos. Instalado en la oficina de asesor político del presidente, no resistió la tentación de escenificarlo. Para un estratega político, siempre es una mala idea largar sus propias ideas en la prensa en lugar de susurrarlas al oído del príncipe, especialmente cuando se trabaja para el símbolo viviente de la Era del Narcisismo[7]. Y, en efecto, un año después, Bannon fue expulsado de la Casa Blanca, mientras el líder del mundo libre tuiteaba este tipo de mensaje: «*Steve el baboso lloró y me imploró cuando lo despedí. Ahora, casi todo el mundo lo ha abandonado como a un perro. ¡Qué pena!*» (tuit presidencial del 6 de enero de 2018).

Pero pocos de los que se mueven en el mundillo de los soberanistas populistas tienen el cerebro, la experiencia y las relaciones de Bannon. Así, en el lapso de unos meses, se topó de bruces con una perspectiva aún más ambiciosa: «*Lo que quiero* —declaró en marzo de ese año al corresponsal en Roma del diario *New York Times*— *es construir una infraestructura global para el movimiento populista global. Lo comprendí cuando Marine Le Pen me invitó al congreso de su partido en Lille. "¿Qué quieres que diga?", le demandé. "Di que no estamos solos", me respondió*». Fue entonces cuando Bannon se dio cuenta de que había espacio para un oxímoron: la Internacional de los nacionalistas, una plataforma concebida para compartir

7. N. del T.: mayúscula del autor.

experiencias, ideas y recursos entre los distintos grupos activos en Europa y Estados Unidos. «*Estamos en el lado correcto de la historia. Incluso George Soros dijo, hace algún tiempo, que vivimos en tiempos revolucionarios…*».

Soros, el multimillonario húngaro que ha financiado movimientos democráticos en todo el mundo a través de su Sociedad Abierta, es a la vez la bestia negra y el sueño prohibido de los nuevos populistas globales. «*Es brillante* —admite Bannon—. *Perverso pero brillante*». Su amigo Orban lo ha declarado proscrito en Hungría, pero a Bannon le gustaría crear una fundación que siguiera el modelo de la de Soros, con un impacto equivalente dedicado a una agenda completamente distinta: cerrar fronteras, revertir los procesos de globalización e integración europea, regresar a los estados-nación del pasado.

«*Las ideas más revolucionarias de nuestro tiempo empiezan siempre con la frase "érase una vez"*», dice el politólogo Mark Lilla. Y, según Bannon, el epicentro de esta revolución es en estos momentos Italia.

Es la razón por la que está aquí, sentado frente a mí en la suite del Hôtel de Russie, mientras que en torno suyo se revuelve inquieta su escolta personal —la antigua mano derecha de Nigel Farage, Raheem Kassam; el fundador del Instituto Dignitatis Humanae, Benjamin Harnwell; su sobrino (en atuendo deportivo) Sean Bannon; y un curioso ario que parece ser el producto de una experiencia eugenésica sueca de la década de 1930—. Todos ellos se esmeran en producir el ambiente saturado de testosterona que caracteriza el cuartel general de todas las revoluciones que se precien, y en particular de las nacionales-populistas.

«*Roma es, una vez más, el centro del universo político* —dice Bannon—. *Porque es aquí donde ha ocurrido algo inaudito. Aquí, los populistas de la derecha y la izquierda acordaron dejar a un lado sus diferencias y unirse para restaurar el poder del pueblo italiano, usurpado por el partido de Davos. Es como si Bernie Sanders y Donald Trump hubieran llegado a una entente. En los Estados Unidos, no lo hemos conseguido, pero vosotros, vosotros lo habéis hecho. Lo que está en juego en Italia es la naturaleza misma de la soberanía: del resultado de esta experiencia depende el destino de la revuelta de los pueblos que quieren recuperar el poder de las garras de las élites globales que se lo usurparon. Si funciona en Italia, puede hacerlo en todas partes. He aquí la razón por la que representáis el futuro de la política mundial*».

El discurso de Bannon es halagador, pero en realidad no es la primera vez que un observador anglosajón ha considerado los embrollos políticos de la península itálica como un modelo a seguir. «*Vuestro movimiento ha prestado servicio al mundo entero* —había proclamado Winston Churchill mientras se dirigía a los fascistas italianos a finales de la década de 1920—. *Italia ha demostrado que hay una manera de luchar contra las fuerzas subversivas. Esta modalidad consiste en llamar a la masa del pueblo a cooperar para defender el honor y la estabilidad de la sociedad civilizada. Ha producido el antídoto necesario contra el veneno soviético. A partir de ahora, ninguna nación será privada de los medios para protegerse de este cáncer, y todo líder responsable de no importa qué país siente que sus pies están más firmemente plantados en resistencia a las doctrinas de la nivelación y el cinismo*».

A lo largo del siglo XX, Italia se convertía en el laboratorio en el que se pondrían a prueba experiencias políticas desenfrenadas, a menudo destinadas a ser reproducidas, de forma diversa, en otras partes del mundo. El fascismo constituyó la primera y la más repleta de repercusiones, pero, tras su colapso, Italia también alumbró el partido comunista más grande de Europa occidental, para convertirse en el teatro privilegiado de todas las maniobras y tensiones de la Guerra Fría. Y, con la caída del Muro de Berlín, la península itálica se convertiría en el Silicon Valley del populismo, al anticiparse en casi veinte años a la gran revuelta contra el poder establecido que hoy sacude todo el hemisferio occidental.

Si Heinrich Mann decía de Napoleón que era una bala de cañón lanzada por la Revolución francesa, se podría decir, en toda proporción, que Grillo y Salvini son las balas de cañón lanzadas por *Tangentopoli*[8], la revolución judicial que decapitó a la clase política italiana a principios de la década de 1990, la cual marcaría el inicio de la interminable era del rechazo de las élites y el desafecto hacia la política. Entre 1992 y 1994, la clase política del país fue anulada: la mitad de los miembros del Parlamento pertenecientes a partidos gubernamentales fueron sometidos a investigación, algunos de sus líderes fueron encarcelados y otros huyeron al extranjero. Los dos partidos que se habían alternado en el Gobierno de la república, la democracia cristiana y el partido socialista, fueron borrados del mapa en cuestión de pocas semanas. La operación Manos Limpias representaba ya, en esencia, un enfoque populista: los pequeños jueces contra las élites corruptas. «*Cuando la gente aplaude, se aplaude a sí misma*», declaraba entonces el fiscal general de Milán, Francesco Saverio Borrelli. Y no es una casualidad que varios de los magistrados que habían protagonizado las investigaciones

8. N. del T.: cursiva del autor. *Tangentopoli* (del italiano «tangente», 'soborno') fue un proceso judicial anticorrupción también conocido como «*Mani pulite*» (Manos Limpias), puesto en marcha en 1992, en el que tuvieron que declarar más de 4000 empresarios y políticos italianos.

anticorrupción entraran en política a continuación, fundaran partidos, salieran elegidos en el Parlamento y llegaran a ser ministros y alcaldes de ciudades importantes.

Desde ese momento, los italianos no han hecho más que salir a la búsqueda de élites alternativas para gobernar el país en sustitución de los políticos de carrera, desacreditados, corruptos e incompetentes. La izquierda fue la primera en mover ficha, al apoyar sin paliativos la acción de los magistrados de Manos Limpias, para más tarde dar vida, en la primavera de 1993, al primer Gobierno «técnico» de la historia republicana. Un ejecutivo presidido por el antiguo gobernador del Banco de Italia, Carlo Azeglio Ciampi, y compuesto exclusivamente por ministros no políticos, elegidos de las filas del mundo académico y la administración pública. Durante este período, empezaba a florecer entre los progresistas el mito de una «sociedad civil» virtuosa y no corrompida de la que habría surgido la nueva clase dirigente de la península itálica. Pero, poco después, Berlusconi abría paso para manifestar que el poder debía ser administrado por empresarios y gerentes, los verdaderos productores de riqueza del país, a diferencia de una clase política compuesta por holgazanes. De su mano, llegarían al Gobierno los regionalistas de la Liga y los ex fascistas de Alleanza Nazionale, un bloque variopinto unido en el rechazo de la «Roma ladrona[9]».

En los años siguientes, el Cavaliere continuó dominando la política italiana hasta prácticamente finales de 2011, cuando se vio obligado a renunciar tras una serie de

9. N. del T.: en el texto en francés, la expresión aparece también en el italiano original, «Roma ladrona», que coincide con la expresión en castellano y recuerda pulsiones populistas muy similares en la península ibérica desde la periferia hacia el centro.

escándalos en su vida personal. Desde ese momento, se concatenaron tanto el intento de Mario Monti de establecer un «Gobierno de los competentes» como la tentativa de la centroizquierda de dar un balón de oxígeno a la política tradicional a través del liderazgo innovador de Matteo Renzi.

Las elecciones de marzo de 2018, que vieron el triunfo del Movimiento 5 Estrellas y la Liga, constituyeron la quiebra definitiva de estos intentos y la transformación de Italia en la tierra prometida del populismo real. De este modo, se materializaba, por primera vez en un país occidental importante, la convergencia entre los populismos de derecha e izquierda que tanto encorajinó la imaginación —y la ambición— de Steve Bannon. Para él, lo que se está produciendo no es nada menos que un choque de civilizaciones.

«*Si hay algo que admiro de Merkel y Macron* —dice—, *es que no ocultan su agenda. Es importante que la gente lo entienda: ¡no hay ninguna conspiración! Todo se explica abiertamente en plena luz del día. Hace un año, Macron dio un discurso en el que detallaba las consecuencias lógicas del proyecto europeo, de la visión de Jean Monnet. De una manera detallada y coherente. Se trata de un proyecto compuesto por una integración política adicional, una integración comercial adicional y una integración de los mercados de capitales adicional. Así que, en la práctica, se trata de los Estados Unidos de Europa, donde Italia se convierte en Carolina del Sur con respecto a Francia, que sería Carolina del Norte, ¿vale? Por tanto, si uno cree en este proyecto, si a uno le atrae, ello implica que uno cree en el proyecto de Macron. Salvini, Orban, Marine Le Pen y las otras voces del movimiento nacional populista dicen, por lo que respecta a ellas, que no. La confrontación se manifiesta aquí entre quienes, en Europa, creen que los estados-nación son un obstáculo que superar y los que creen que son una joya que hay que preservar*».

Desde nuestro encuentro, el proyecto de Steve Bannon ha sufrido varios reveses: la mayoría de los partidos que se suponía que terminarían bajo el liderazgo de la organización del ideólogo estadounidense le han fallado y el Estado italiano lo ha expulsado incluso del monasterio del siglo XIII que pretendía transformar en una escuela de formación para sus «gladiadores del pueblo». No obstante, su idea paradójica de una Internacional Nacionalista ha seguido creciendo en todas partes. Tanto es así que, como se ha visto en la mayoría de los casos, la única campaña conjunta real de cara a las elecciones europeas de mayo de 2019 fue la emprendida por los partidos antieuropeos, que se congregaron además en Milán para un mitin conjunto en la explanada del Duomo[10].

Los intercambios y colaboraciones entre nacionalistas se han multiplicado, asimismo, a todos los niveles. Con el apoyo financiero de la fundación Secure America Now, la agencia de marketing y relaciones públicas digital Harris Media pudo crear vídeos antimusulmanes y antiinmigración que lograron una dimensión viral a ambos lados del Atlántico. El mismo organismo desempeñaría un rol fundamental en la propaganda de la AfD en Alemania, al transmitir a través de la red campañas publicitarias orientadas a distintas audiencias: mensajes sobre seguridad para las madres; mensajes sobre desempleo para los trabajadores; y así sucesivamente. En España, el auge del partido de extrema derecha Vox se ha apoyado sobre una red internacional de donantes que incluye desde multimillonarios

10. N. del T.: Piazza del Duomo (Plaza de la Catedral) de Milán, centro neurálgico de la ciudad y epicentro simbólico del pujante norte italiano.

ultraconservadores estadounidenses hasta oligarcas rusos, pasando por la princesa de Thurn y Taxis[11], reunidos en torno a la fundación CitizenGo, con sede en Madrid. La organización se hizo un nombre poniendo carteles publicitarios en autobuses municipales de varias ciudades españolas en los que aparecía Adolf Hitler con los labios pintados de carmín y la etiqueta #feminazis.

Si, en el pasado, los movimientos nacionalistas europeos se dividían por unos orígenes y programas que los ponían automáticamente en conflicto entre sí, hoy los puntos en común tienden a tomar el control. Basta pensar en la cuestión de Tirol del Sur, adscrita a Italia, que ha dividido durante mucho tiempo a los nacionalistas italianos y austríacos. Hoy en día, tal y como escribe Anne Applebaum, «*la aversión a los matrimonios gay y a los taxistas africanos es un sentimiento que incluso los austríacos e italianos, que no están de acuerdo sobre la ubicación de su frontera, pueden compartir*». En su etapa de ministro de Interior, Matteo Salvini se había inspirado sistemáticamente, por cierto, en el modelo de su homólogo austríaco, el ideólogo ultranacionalista Herbert Kickl, que había multiplicado las provocaciones en contra de la inmigración y del islam, y utilizado los medios del Estado, incluida la policía, para reforzar su propaganda identitaria.

Dicho esto, si a veces los italianos se apropian de ideas que vienen de fuera, por lo general es el proceso inverso lo que sucede. En el seno de la Internacional Nacionalista, Italia sigue desempeñando el papel del laboratorio más avanzado de innovación política, un Silicon Valley del populismo adonde los ingenieros del caos —no solo Bannon— acuden en peregrinación para escrutar los últimos hallazgos de los nietos de

---

11. N. del T.: Gloria de Thurn y Taxis, aristócrata católica alemana.

Maquiavelo. *The Guardian* dedicaría un extenso reportaje[12] a explicar el modo en que Nigel Farage y Arron Banks habían sido capaces de crear, en solo dos meses, un partido político, el Brexit Party, que ganaría las elecciones europeas de 2019, con el 32 % de los votos en Gran Bretaña, gracias a la adopción del modelo del Movimiento 5 Estrellas italiano. «*El partido del Brexit es la copia exacta del Movimiento 5 Estrellas* —declaraba Banks—. *Lo que las 5 Estrellas han hecho, y que nosotros tratamos de hacer con el Partido del Brexit, es tener una estructura central muy controlada, casi una dictadura en el núcleo, lo que impide que los zumbados se hagan con el mando*». Antes que Banks, el propio Nigel Farage había aclarado en una entrevista de 2015: «*Si creara UKIP ahora, ¿dedicaría 20 años a organizar reuniones en cada pueblo o fundaría el partido a partir del modelo Grillo? Sé exactamente lo que haría*».

El ejemplo de Banks y Farage es importante porque vislumbra el punto esencial del caso italiano, ignorado en medio de las alarmas sobre el ascenso de la extrema derecha y el retorno del fascismo que se han multiplicado en los últimos tiempos. Lo que se está jugando en Italia no es la reedición de los años 1920 o 1930 del siglo pasado. Lo que acontece en realidad es la emergencia de una nueva modalidad política alumbrada por Internet y las nuevas tecnologías.

Desde este punto de vista, mientras que Matteo Salvini representa posiblemente la figura más llamativa de la coyuntura política, el fenómeno más interesante es en realidad el Movimiento 5 Estrellas. De hecho, fue esta organización la que

12. Loucaides, Darren, 21 de mayo de 2019: «*Building the Brexit party: how Nigel Farage copied Italy's digital populists*». *The Guardian* (https://www.theguardian.com/politics/2019/may/21/brexit-party-nigel-farage-italy-digital-populists-five-star-movement).

permitió a Salvini entrar en el juego, al posibilitar que una fuerza extremista minoritaria como la Liga accediera al Gobierno con el 17 % de los votos y aumentara su visibilidad, lo que inauguró su hegemonía cultural en el país. Y fue este mismo Movimiento el que privó a Salvini del poder al aliarse con la izquierda sobre la base de un programa proeuropeo, completamente lo contrario de aquel en el que se basaba su alianza con la Liga.

Los partidos xenófobos de derecha existen más o menos en toda Europa, con niveles de adhesión similares o incluso más elevados que los de la Liga de antes de la primavera de 2018. Pero no alcanzan la mayoría y, por lo general, no encuentran aliados dispuestos a gobernar con ellos. La auténtica especificidad italiana es el algoritmo postideológico del Movimiento 5 Estrellas, que acaparó un tercio de los votos de los italianos en las elecciones mediante una plataforma sin ningún contenido político y, por tanto, presta a ser instrumentalizada por cualquiera para llegar al poder, ya se trate de Salvini o de sus adversarios proeuropeos del Partido Demócrata.

Lo que convierte a Italia en el Silicon Valley del populismo es que aquí, por primera vez, el poder ha sido tomado por una nueva modalidad de tecnopopulismo postideológico, sustentado no ya sobre ideas, sino sobre algoritmos desarrollados por ingenieros del caos. No se trata, como en otros lugares, de políticos que contratan perfiles técnicos, sino más bien de perfiles técnicos que toman directamente las riendas del movimiento mediante la fundación de un partido y la elección de los candidatos que más se ajustan a su visión, hasta asumir el control del gobierno de toda la nación.

Esta historia es poco conocida fuera de Italia, pero merece ser contada para empezar, así, a delimitar las fronteras de la *terra incognita* en la que nuestras democracias han empezado a desmoronarse.

El Netflix de la política

Livorno es una ciudad importante en la historia política italiana. Fue aquí donde se produjo la escisión que dio origen al Partido Comunista italiano en 1921. Es también aquí donde, ochenta años después, los dos fundadores del Movimiento 5 Estrellas se reunieron por primera vez: «*Lo conocí* [...] *una noche de abril* —escribe Beppe Grillo a propósito de Gianroberto Casaleggio—, *durante mi espectáculo* Black Out. *Vino a mi camerino y empezó a hablarme de Internet. La forma en que Internet podría cambiar el mundo. Sin conocerlo, avalé lo que estaba diciendo. Le sonreí. Traté de no contrariarlo. No quería correr el riesgo de ser amenazado por una arroba o un puntocom. Él estaba muy convencido de lo que decía. Pensé que debía ser un genio del mal, o acaso una especie de San Francisco de Asís que hablaba a Internet en lugar de hacerlo con lobos y pájaros*».

En esta escena inaugural —el encuentro entre el humorista estrella (portentoso, aunque desconocedor de la manera de explotar su ira) y el *nerd*[1] frío (visionario, pero algo desorientado en el mundo real)—, encontramos ya toda la mitología de lo que estaba destinado a materializarse en el Movimiento 5 Estrellas: el espectáculo, el escarnio, la cultura de Internet y la revolución.

Por un lado, Beppe Grillo, el histrión irresistible que había partido de las salas *underground* de Génova para alcanzar las más altas cotas de popularidad televisiva, capaz de llenar teatros de toda la península itálica con espectáculos en solitario repletos de paradojas, provocaciones

1. N. del T.: anglicismo extendido en la cultura digital; «empollón informático».

e insultos, acompañados por un imponente físico y un vozarrón digno del predicador Savonarola[2].

Por otro, Gianroberto Casaleggio, minucioso, reservado, centrado. Un gerente de cincuenta años, experto en marketing digital que se presentaba como una especie de John Lennon postmoderno, con un cabello liso que caía sobre un rostro austero y con gafas. Síntesis perfecta de la estética hippie y la cultura *geek* de las que había surgido la cibercultura californiana. Después de pasar treinta años en Olivetti —durante mucho tiempo, la empresa informática de referencia en Italia—, acababa de dejar el grupo para fundar su propia empresa, Casaleggio Associati.

Pero Casaleggio no era solo un emprendedor. Era también un visionario, un autodidacta que se ha forjado una visión de la realidad que combina el culto a San Francisco de Asís con el de Isaac Asimov y otros pioneros de la ciencia ficción. No pretendía sentirse movido por ninguna pasión política. «*La política no me interesa* —afirmaba—, *lo que me interesa es la opinión pública*».

En calidad de experto en marketing digital, Casaleggio entendió que Internet revolucionaría la política y posibilitaría la emergencia de un movimiento de nuevo cuño, guiado por las preferencias de los electores-consumidores. Pretendía, por tanto, lanzar un producto capaz de responder de manera eficaz a una demanda política

2. N. del T.: Girolamo Savonarola (1452-1498), célebre predicador dominico y confesor del gobernador de Florencia, Lorenzo de Médici. Se le atribuye la organización de la «hoguera de las vanidades», sobre la que se invitaba a los habitantes de Florencia a arrojar objetos superfluos y vanidosos.

que los partidos existentes no eran capaces de satisfacer. Pero era igualmente consciente de que la dimensión puramente digital seguía siendo demasiado fría y distante como para dar vida a un verdadero movimiento de masas en Italia. Esta era la razón por la que necesitaba a Beppe Grillo, para otorgar calidez y pasión a un movimiento que, sin ello, corría el riesgo de permanecer confinado a los frikis[3] de la península italiana. La pujanza y la capacidad de adaptación del futuro Movimiento 5 Estrellas procederían de esta combinación única: las nupcias entre el populismo tradicional y los algoritmos alumbrarían una maquinaria política formidable.

En ese momento, después de obtener el consentimiento del comediante, Casaleggio se conformó con diseñar una bitácora. Desde el principio, el éxito fue fulgurante: «*El 26 de enero de 2005, lancé un blog sin saber en realidad de qué se trataba* —cuenta Grillo—. *Empiezo a entenderlo ahora:* beppegrillo.it *se convirtió en pocas semanas en el blog italiano más visitado*». Detrás de la aparente informalidad del comediante se ocultaba ya una maquinaria perfectamente engrasada. Cada entrada publicada surgía en función de un ritual preciso. A lo largo de la madrugada, los colaboradores de Casaleggio Associati seleccionaban los diez comentarios más interesantes publicados en el sitio y los transmitían a Gianroberto. Este leía, rumiaba y escribía la entrada del día, que aparecía en línea por la tarde. A ojos del público, el único autor seguía siendo Grillo, mientras Casaleggio permanecía relegado al papel de mero asesor tecnológico. Pero la realidad era muy distinta. Las campañas de marketing viral, que afianzarían el éxito del

3. N. del T.: el autor usa «geeks» en el texto francés original.

blog y lo llevarían en apenas unos años a convertirse en uno de los más seguidos del mundo, nacían en la oficina milanesa de Casaleggio Associati. Era allí donde se identificaban los temas que funcionaban, basados en los comentarios de los usuarios, en un proceso de interacción constante que constituía ya el embrión de los algoritmos venideros más sofisticados.

Durante este período, la bitácora flirtearía con temas populares capaces de estimular el resentimiento hacia los poderes político y financiero establecidos: corrupción de figuras políticas, abuso de poder de grandes empresas en perjuicio de pequeños accionistas, precariedad laboral. Con respecto a todos estos temas, el blog no se limitaba a denunciar la situación, sino que, al contrario, proponía remedios concretos, aunque simplistas. Se ofrecía la impresión de que las soluciones eran evidentes, si Italia no estuviera en manos de una banda de delincuentes, presentes en todo el espectro político, que actuaba solo en función de sus propios intereses en detrimento del pueblo.

En poco tiempo, empezaba a desarrollarse una red de simpatizantes deseosa de organizarse para ir más allá de la bitácora. Casaleggio había seguido con interés la campaña del candidato demócrata Howard Dean, el primer candidato «digital» en las primarias estadounidenses de 2004. Al igual que este, decidió animar a los seguidores de Grillo a inscribirse en la plataforma Meetup, un software que facilitaba la organización de discusiones y reuniones, tanto virtuales como presenciales. En poco tiempo, grupos de «Amigos de Beppe Grillo» florecieron por toda Italia.

Durante esta fase inicial, los seguidores eran completamente autónomos. Podían organizarse a su manera, reunirse y tomar cualquier iniciativa. El contraste entre la instantaneidad y la frescura de la maquinaria desarrollada por Casaleggio y la vieja política era inexorable. «*En 2007* —escribe Marco Canestrari[4], un colaborador inicial que se sentirá pronto decepcionado—, *para hacer política en los partidos, había que someterse necesariamente a reglas y a rituales incomprensibles para una generación habituada a la rapidez de los procesos en Internet. En primer lugar, había que elegir de qué lado estar, a la derecha, a la izquierda, casi independientemente del contenido; acto seguido, había que decidir a qué partido pertenecer, en todo el sentido de la expresión; después, había que dedicar años a escalar posiciones a nivel local y, en el mejor de los casos, había que encontrar a un "santo en el Parlamento". El mensaje del blog era, en cambio, radicalmente distinto: para hacer política, no había que registrarse en un partido y esperar durante años a los resultados, sino que se podía hacer política en cualquier momento de la jornada, gracias a la publicación de comentarios en la bitácora y a la divulgación de entradas. Y uno podía sentirse partícipe desde el principio*».

A partir de esta promesa plácida, inmediata y contemporánea, y gracias a la crudeza de unos contenidos con alto grado de emotividad defendidos por el verbo fácil de Grillo, la galaxia del blog se expandió de manera vertiginosa. A principios de 2007, Casaleggio celebraba el primer millón de comentarios, mientras que los encuentros por Meetup se contaban en ese momento por centenares y rebosaban frescura e iniciativa. Mientras

4. N. del T.: ensayista, periodista y programador italiano afincado en Londres. Autor, con Nicola Biondo, de *Il Sistema Casaleggio* (2019, editorial Ponte Alle Grazie, Florencia, Italia).

tanto, el viejo Prodi, al frente de una coalición de centroizquierda tambaleante, tomaba el bastón de mando del Gobierno de manos de Silvio Berlusconi, de manera idéntica a diez años atrás. Italia parecía atrapada en un *Show de Truman* interminable, en el que los mismos y eternos actores, cada vez más agotados, regresan al escenario para una vuelta en tiovivo al final de la cual nada ha cambiado.

Dos periodistas del *Corriere della Sera* publicaban un libro, *La Casta*, que vendería más de un millón de ejemplares y se convertiría en el manifiesto de una revuelta del pueblo contra las élites. En sus páginas, descubrimos, con profusión de detalles, todos los privilegios de la casta de la política, desde el último de los concejales municipales hasta el presidente de la República. Ello alimentó la indignación de los electores, cuyos comentarios en el blog elevaban su tono cada vez más. Casaleggio sintió que era hora. Había llegado el momento de sacar de la dimensión virtual la cólera acumulada por los discípulos de Grillo para darle una salida física, a pie de calle.

El 8 de septiembre es una fecha simbólica en el imaginario italiano: en ese día de 1943 se proclamaba el armisticio y la rendición a los Aliados[5]. Por tanto, cuando, a finales de la primavera de 2007, Grillo/Casaleggio escribía una entrada inflamada pidiendo la concentración de la «gente del blog» para el 8 de septiembre siguiente, fue difícil ignorar las implicaciones de semejante gesto.

5. N. del T.: la ambivalencia de Italia durante las dos guerras mundiales continúa siendo motivo de debate social e intelectual, así como de intentos de revisionismo histórico, en el país transalpino.

Para la ocasión, el cómico adoptaría un lenguaje particularmente lírico:

«*Hay un ambiente digno del 8 de septiembre* —escribía—. *La política presiente la llegada del tornado. Ella se prepara. Italia podría haber cambiado en 1992. No fue capaz de hacerlo. Los grupos de presión, los clanes y las mafias ganaron entonces. La II República murió en su cuna [...]. El tornado gira, gira. Su olor es el de la madera podrida, la soga, el granizo y el aguacero. Italia es una olla a presión que, si explota, esta vez se lleva por delante a todo el mundo. Puede que incluso al propio Estado. [...] El verano será muy caluroso. Después vendrá septiembre y el Día de Vaffanculo*[6]*, o V-Day. Un justo término medio entre el D-Day del desembarco de Normandía y la V de Vendetta. Se celebrará el sábado 8 de septiembre en las plazas de Italia, para recordarnos que, desde 1943, nada ha cambiado. Ayer, con el rey fugado y la nación derrotada, hoy con los políticos encerrados en los palacios. El Día V será una jornada de información y participación popular. Para formar parte de ella, manteneos al corriente a través del blog*».

Con su denominación mediática, evocadora de la rabia en estado puro, la llamada del Vaffanculo Day se hizo viral en cuestión de segundos y comenzó a extenderse en la web, mucho más allá del contorno de grupos de simpatizantes de Meetup.

Solo los medios tradicionales no se harían eco del fenómeno. Una semana antes de la manifestación, Grillo trató de convocar una conferencia de prensa para explicar la iniciativa, pero se vio obligado a cancelarla

6. N. del T.: expresión vulgar en el italiano original. Literalmente, el «Día de irse a tomar por culo».

porque solo un periodista de un periódico local había respondido a la invitación. En los días previos al V-Day, la prensa no le dedicaría una línea, ni las televisiones un minuto de antena.

Sin embargo, el 8 de septiembre, la piazza Maggiore[7] de Bolonia se llenó, algo que no había sucedido en años. En toda Italia, otras doscientas plazas se llenaron hasta la bandera de partidarios que venían a celebrar el colosal Vaffanculo que Grillo dedicaba a la casta de políticos corruptos que oprimían a los italianos. Se recogieron más de 300 000 firmas para la iniciativa «Parlamento limpio», que establecía, entre otras cosas, que ningún diputado debiera cumplir más de dos mandatos.

La conmoción para el *establishment* político fue enorme. Nadie había visto venir semejante revuelta. Hay que recordar que, en 2007, Internet seguía siendo un fenómeno más o menos marginal para la mayoría de los políticos, que delegaban la administración de su buzón de correo a sus secretarias.

A partir de ese momento, se desató en torno a Grillo el frenesí de los medios, deseosos de comprender el fenómeno, y de la clase política, que observaba con interés —y temor— esos lugares repletos de electores indignados. En ese momento, el comediante y Casaleggio aún no concebían que podrían desempeñar un papel político directo. Todavía pensaban en la necesidad de orientar las fuerzas que se habían empezado a movilizar en el espectro político tradicional.

Casaleggio había cultivado en el pasado una relación de confianza con Antonio Di Pietro, juez que había

7. N. del T.: en italiano en el original.

simbolizado la operación Manos Limpias y fundador de su propio partido, aliado de la centroizquierda de Romano Prodi. Desde entonces, la pareja se había posicionado más bien del lado del recién fundado Partido Demócrata, una agrupación concebida para aglutinar las principales corrientes de centroizquierda en un único contenedor político. En realidad, ni Grillo ni Casaleggio podían considerarse de izquierda, pero la mayoría de sus simpatizantes, en esta primera fase, procedían de esta orientación. Se trataba sobre todo de jóvenes, sensibles a reivindicaciones medioambientales y laborales, alejados de la política tradicional e indignados por el despilfarro asociado a la corrupción.

Pero la izquierda no se mostraría en absoluto receptiva a los avances del tándem. Prodi les concedió media hora de entrevista («*Mantenía los ojos cerrados, parecía estar durmiendo*», diría Grillo más tarde) y, cuando el comediante trató de presentarse a las primarias del nuevo Partido Demócrata, fue excluido en los despachos. «*Si quiere formar un partido, no tiene más que presentarse y contar los votos*», declaraba, inconscientemente profético, uno de los caciques de la formación.

Fue entonces cuando Grillo y Casaleggio decidieron instalarse por cuenta propia. Por añadidura, el entusiasmo de sus partidarios se había vuelto incontenible. Algunos de ellos fueron candidatos a las elecciones locales bajo «listas Grillo» más o menos autogestionadas. Y el riesgo de que todo este fervor escapara de su demiurgo era muy real.

Casaleggio estaba obsesionado con el control. Había estudiado, durante años, a los grandes conquistadores de la Historia. En concreto, admiraba a Gengis Kan, quien había gobernado un imperio erigido sobre un sistema de comunicación muy eficiente, capaz de transmitir sus órdenes por todas partes. Apreciaba la manera en que el operador mongol seleccionaba a sus oficiales: una fidelidad a prueba de fuego, superior a la cuna o a la experiencia.

A su vez, había empezado a cultivar la misma voluntad férrea de sancionar cualquier forma de insubordinación. «*A la menor duda, ¡ninguna duda más!*», repetía como un mantra. Cualquiera que diera la impresión de no adherirse al 100 % de la visión del jefe era expulsado.

Con ayuda de su hijo Davide, un apasionado conocedor de Internet y el marketing viral, el mayor de los Casaleggio se enfrascaría en el desarrollo de un modelo de organización para el Movimiento 5 Estrellas. Una arquitectura aparentemente abierta, basada en la participación de base, pero en realidad cerrada a cal y canto y controlada desde arriba.

En un libro inspirado en gran medida por su padre, Davide Casaleggio comparaba las redes sociales con los hormigueros. «*Las hormigas* —escribía— *siguen una serie de reglas aplicadas a cada individuo, a través de las cuales se determina una estructura muy organizada pero no centralizada. Cada hormiga reacciona al contexto, al espacio en que trajina y con respecto a las otras hormigas*».

Incluso si es autoorganizado, este sistema no excluye el rol de un demiurgo, que observa el hormiguero desde las alturas y determina su evolución: «*Las informaciones sobre las interacciones locales* —escribía Casaleggio Junior— *permiten comprender un sistema emergente y, cuando es posible, modificarlo. Por ejemplo, saber que las hormigas cambian de tarea, si se topan con un número concreto de otras hormigas ejercitando la misma labor, nos permite discernir sus decisiones*».

No obstante, para que esto sea posible, deben cumplirse tres condiciones básicas: «*Es necesario que haya un número suficiente de participantes, que estos se reúnan al azar y no sean conscientes de las características del sistema en su conjunto. Una hormiga no debe saber cómo funciona el hormiguero; de lo contrario, todas las hormigas querrían ocupar las mejores posiciones y las menos agotadoras, lo que daría lugar a un problema de coordinación*».

Los Casaleggio sentaron las bases de su movimiento en torno a estas reflexiones. Una organización compleja, aparentemente centralizada, en la que ninguna hormiga debía ser consciente del proyecto de otras hormigas. Esta información estaba reservada a un demiurgo externo y omnisciente. Lo descrito podría rozar la caricatura, pero estos fueron exactamente los principios sobre los que se fraguó el Movimiento 5 Estrellas, que Grillo presentó en una enésima actuación teatral, esta vez en Milán, el 4 de octubre de 2009.

Según el lenguaje, siempre explícito e histriónico, del comediante, se trataba de una «no asociación», regida por un «no estatuto» que declaraba, en su artículo 1: «*El Movimiento 5 Estrellas representa una plataforma y un medio de confrontación y de consulta que tiene su origen y establece su epicentro en el blog* www.beppegrillo.it. *Los contactos con el Movimiento 5 Estrellas se garantizan exclusivamente a través de la dirección de correo electrónico* movimento5stelle@beppegrillo.it».

En la práctica, el Movimiento no era ni un partido ni una asociación, sino una bitácora, perteneciente a Grillo y a Casaleggio, y una dirección de correo electrónico vinculada al mismo sitio web. Quien controlara esta plataforma disfrutaría de un control absoluto sobre la vida del

Movimiento 5 Estrellas. Asimismo, el «no estatuto» establecía en su artículo 3 que la nomenclatura del Movimiento fuera acompañada de una marca «*registrada a nombre de Beppe Grillo, único titular de sus derechos de uso*».

Esta estructura privada acumularía varios cambios legales a lo largo de los años, aunque ninguna variación substancial hasta el presente. Hoy, el Movimiento 5 Estrellas constituye el primer partido de Italia y de sus filas proceden el presidente del Consejo y la mayoría de los ministros del Gobierno en funciones[8]. Sin embargo, sigue siendo un entramado esencialmente privado y controlado por Davide Casaleggio, hijo y heredero de Gianroberto.

Es en torno a este punto que, desde los inicios, se evidenció el gran malentendido del Movimiento. Para los militantes de base, Internet concordaba con la participación, era el instrumento de una revolución democrática destinada a rescatar el poder de las manos de una casta de profesionales de la política para confiarla al ciudadano corriente. Sin embargo, para la élite del Movimiento, encarnada por la diarquía Casaleggio-Grillo, las cosas eran diferentes: Internet equivalía, sobre todo, a un instrumento de control. Era el vector de una revolución desde la cúspide que capturaba una gran cantidad de datos para usarlos con fines comerciales y, sobre todo, con fines políticos.

Volvamos al otoño de 2009. Desde el principio, el modelo de organización del nuevo Movimiento —que se oponía radicalmente a la retórica de la participación

8. N. del T.: el autor se refiere al Gobierno de coalición entre el Movimiento 5 Estrellas y la Liga Norte, en funciones entre junio de 2018 y septiembre de 2019.

desde la base— permitió a sus propietarios guiar el engendro con puño de hierro. Los simpatizantes eran hormigas, y estaba prohibido criticar o emprender iniciativas. Todo el mundo se mantenía conectado al centro a través del blog, pero estaba prohibido entablar contacto con otras hormigas. La hormiga que osara desviarse de la trayectoria programada sería eliminada.

Fue el caso de cientos de partidarios, a menudo contados entre los más entusiastas, que serían expulsados por Casaleggio por insubordinación. El procedimiento era simple y brutal. Dado que el Movimiento no era ni un partido ni una mera asociación, bastaba con hacer un clic para que los traidores pudieran ser excluidos del blog. De un día para otro, se despertaron sin poder acceder a la plataforma en línea. A veces, la medida iba de la mano de una carta del abogado de Grillo que les prohibía usar el logotipo de 5 Estrellas, propiedad exclusiva de este último.

Si bien las hormigas desobedientes eran eliminadas, por otro lado, las más disciplinadas podían ser recompensadas. Con la fundación del Movimiento, Grillo dejaba de ser el único portavoz de Vaffanculo. En las oficinas de Casaleggio Associati, se experimentó con nuevos perfiles, principalmente jóvenes sin experiencia política o profesional, que «trabajaban» en la red y podían teledirigirse desde la gerencia. Los mejores de entre ellos —los que generaban más reacciones[9] en Facebook y otras redes sociales— eran promovidos por el blog. En poco

9. N. del T.: el autor usa el anglicismo «*buzz*», asociado a la capacidad del contenido en redes sociales de suscitar reacciones y viralidad (memética).

tiempo, lograron cientos de miles e incluso un millón de usuarios suscritos a sus páginas de Facebook. Sus textos y vídeos, publicados en el blog y otros sitios de Casaleggio, confluyeron con los de Grillo y empezaron a generar importantes ingresos publicitarios para la empresa-partido.

«Estamos tratando de crear avatares en la vida real» —proclamaba Gianroberto—. Para él, el hecho de que la clase dirigente del Movimiento 5 Estrellas estuviera formada por personajes improbables, sin ninguna experiencia ni habilidad probada, representaba una doble ventaja. En primer lugar, se trataba de avatares que podían controlarse fácilmente y, llegado el caso, reemplazarse. En segundo lugar, su ignorancia, su gramática aproximativa y sus frecuentes meteduras de pata, que deleitaban tanto a periodistas como a adversarios políticos, los humanizaba y hacía que los avatares de Casaleggio se percibieran como más próximos al público y más alejados de la casta.

A partir de 2012, otros sitios se integraban en el blog beppegrillo.it. Entre ellos, *La Cosa*, una especie de televisión por Internet, y *Tze-Tze*, un sitio de información compuesto exclusivamente de noticias encontradas en la red, seleccionadas en función de su popularidad. Durante esta fase, el Movimiento daría un salto cualitativo en la producción de la realidad paralela, teorizada hacía ya mucho tiempo por Casaleggio. Para los seguidores de Grillo, ya no era necesario salir de la burbuja para recurrir a los medios tradicionales. Casaleggio Associati producía la información y la distribuía a través de sus propios canales. Esta se fabricaba ya a medida para hacerse viral en Facebook y otras redes sociales. Los títulos eran pegadizos, a menudo engañosos, en ocasiones violentos. Empezaban siempre con más o menos las mismas palabras: «Vergonzoso», «Malas noticias», «Esto es Italia», «Vas a indignarte», «No podemos soportarlo más», «Se acabó». Desde el inicio, se anticipaba la catarsis, generalmente negativa, que se quería suscitar. Acto seguido, después de facilitar la información, a veces cierta pero muy a menudo falsa, se invitaba a la participación: «¡Compártelo!», «¡Pásalo!», «¡Máxima difusión!». El único criterio de selección, por supuesto, eran los clics.

Las noticias que suscitaban las reacciones más intensas se resaltaban, se repetían, se ampliaban. Se convertían en objeto de discursos e iniciativas políticas, auténticos caballos de batalla del Movimiento. La información restante, más aburrida, aunque a menudo más importante y precisa, era relegada a un segundo plano para dejar espacio a las denuncias de conspiración y corrupción reales o imaginarias.

Tres años después de su nacimiento, el organismo tecnopolítico de Casaleggio era una criatura ya madura, perfectamente desarrollada y capaz de extraer el máximo provecho de la inevitable decadencia del sistema político italiano. En Roma, Berlusconi, acorralado por escándalos sexuales y la tormenta financiera de 2011, se había visto obligado a presentar su renuncia. En su lugar, irrumpía acto seguido un profesor glacial que aplicaba, en un tono académico, un programa de austeridad apoyado por casi todos los partidos presentes en el parlamento. Mario Monti, rebautizado «Rigor Montis» por Grillo, era blanco fácil para el Movimiento 5 Estrellas.

Cada día, el blog y los otros sitios de la galaxia Casaleggio martilleaban el mismo estribillo. «Son todos iguales». «¡Nos han arruinado!». «¡Enviémoslos a casa!». En plena recesión, con una tasa de paro del 13 % y una presión fiscal récord, los italianos se mostraban cada día un poco más receptivos a las consignas simples y vulgares del Movimiento. En cuestión de meses, el Movimiento 5 Estrellas se convertía en el único partido auténticamente nacional en la península italiana, popular tanto en el norte como en el sur, entre jóvenes y mayores por igual, y capaz de captar votos a izquierda y a derecha.

Es en estas circunstancias que llegaron las elecciones de febrero de 2013, cuando el Movimiento, con poco menos de 9 millones de votos y el 25 % de los sufragios, se convirtió en el partido más votado de Italia. Este era el triunfo de la extraña pareja Grillo-Casaleggio, pero también el inicio de su declive.

Al día siguiente de las elecciones, los fundadores todavía fueron capaces de imponer su idea: nunca comprometer su integridad, nunca conformar alianzas para acceder al Gobierno. El Movimiento 5 Estrellas rechazaba las invitaciones del Partido Demócrata para formar parte de la mayoría gubernamental y permanecía orgullosamente en la oposición. Si bien el Movimiento había entrado en las instituciones, su actitud no había cambiado. El objetivo seguía siendo socavar los fundamentos de la democracia representativa desde el interior, en nombre de la democracia directa *made in* Casaleggio[10].

Para este, los 163 parlamentarios electos del Movimiento eran hormigas y debían permanecer como tales: «*Están ahí en nombre del Movimiento* —declaraba—, *no deben hacer política, son solo el instrumento de un programa y deben respetar las reglas a las que se han adherido. Así de simple*». Las humillaciones y controles que se habían

10. N. del T.: expresión en inglés en el original del autor.

infligido a los miembros del partido electos dejaron de contarse. Se les pedía, por ejemplo, que dieran a Casaleggio Associati sus contraseñas para acceder a buzones y perfiles personales en Facebook y otras redes sociales, con el fin de otorgar a la empresa el control absoluto de su experiencia digital, la única que importaba, en realidad, a ojos del demiurgo.

Mientras tanto, Beppe Grillo ponía el grito en el cielo contra las instituciones democráticas. De «larva vacía» a «lata de atún» por abrir, la verborrea creativa de Beppe alcanzaba cada vez mayores cotas creativas a la hora de describir el Parlamento. En el otoño de 2010, el Movimiento organizaba ya su primer Cozza-day («Día del Mejillón») con motivo del cual los *grillini*[11] se habían dado cita en Roma, frente a la Cámara de Diputados. «*No solo los inculpados deben irse definitivamente* —proclamaba Grillo en su bitácora—, *sino también todos aquellos que se han atrincherado en el interior del palacio. Aferrados como mejillones a sus privilegios. No merecen siquiera que les tiren pequeñas monedas, eso sería demasiado honor para ellos. Solo merecen mejillones sin concha, cada uno rebautizado en honor a un parlamentario [...]. Pueden entregarse en la calle a cada diputado o librarse en las escaleras del Parlamento en calidad de invitación a largarse*».

La elección de 163 representantes del Movimiento no empujó a Grillo a adoptar un tono más moderado. Al contrario, describía el hito como una «marcha sobre

11. N. del. T.: apelativo con que se conoce a los seguidores de Beppe Grillo y, por extensión, a los simpatizantes del Movimiento 5 Estrellas.

Roma» y evocaba así la toma de poder de Mussolini en 1922. Más tarde, en una entrada del blog, escribía: «*El Parlamento podría clausurarse mañana, nadie se daría cuenta. Es un simulacro, un mausoleo dedicado a los muertos, la tumba maloliente de la Segunda República*».

Pero la violencia de la invectiva del Movimiento 5 Estrellas contra las instituciones democráticas era apenas un reflejo de la violencia verbal con la que la maquinaria de Casaleggio seguía inundando el debate político por doquier. En Italia, periodistas y comentaristas pronto averiguarían que el simple hecho de escribir un artículo sobre el M5S (del italiano *Movimento 5 Stelle*) los expondría automáticamente no ya a una oleada de críticas —como sería de esperar—, sino más bien a una tormenta de insultos.

Desde finales de 2013, el blog presentaba una sección dedicada al «periodista del día»: por lo general, se trataba de un reportero que hubiera criticado al Movimiento. Se le señalaba ante las masas de *grillini* como ejemplo de mala fe y corrupción de los medios de comunicación italianos y, ocasionalmente, se convertía en objeto de insultos y amenazas en la web.

No es casual que, en su informe anual, Reporteros Sin Fronteras haya denunciado al Movimiento 5 Estrellas como una de las causas que limitan la libertad de prensa en Italia a partir de 2015. Así, dos años más tarde, la Federación Internacional de Periodistas escribía: «*El nivel de violencia contra los periodistas (intimidación verbal y física, provocaciones y amenazas) es alarmante, especialmente cuando políticos como Beppe Grillo no dudan en divulgar los nombres de los periodistas que no son de su agrado*».

Si bien todos los integrantes del Movimiento no practicaban el *squadrismo*[12] digital, el nivel de agresión en el partido era mucho mayor que en otros partidos políticos. Sin embargo, tras la fachada, la verdadera pelea a navajazos era la concerniente a los datos: los recabados por Casaleggio Associati durante los más de diez años de actividad del blog y los que procedían de otros sitios, de las redes sociales y de los avatares del Movimiento.

En un ensayo de investigación, Nicola Biondo, antiguo responsable de comunicación del grupo M5S en la Cámara de Diputados, y Marco Canestrari, mano derecha de Gianroberto Casaleggio entre 2007 y 2010, revelaron los entresijos de la historia por primera vez. Según esta reconstrucción, era sobre todo la guerra por el control de los datos lo que reglaba la vida interna del Movimiento y determinaba la relación entre la familia Casaleggio, Beppe Grillo y los nuevos rostros públicos del M5S que ocasionalmente irrumpían en escena. A diferencia de las batallas intestinas por el poder experimentadas por todas las formaciones políticas, esta lucha tenía la particularidad de ocurrir enteramente a la sombra y presentar un desafío orwelliano —el control de los cerebros de la militancia— del cual muy pocos eran conscientes.

Por un lado, estos datos tenían un valor comercial. «*Casaleggio Associati* —escribían Biondo y Canestrari— *no es una organización benéfica, sino una sociedad de responsabilidad limitada. Y tiene un interés evidente en*

12. N. del T.: evocación del fenómeno de milicias locales que se apropiaron del orden público en los años previos a la llegada al poder de Benito Mussolini; el *Squadrismo* consolidó la presencia de los *Fasci italiani di combattimento*, grupos de choque que conformarían el Partido Nacional Fascista.

controlar estos datos: conocer el "perfil" de las personas vinculadas al Movimiento —quiénes son, dónde viven, cómo votan, cuánto donan— tiene un valor comercial potencial incalculable».

Por otro lado, dado el consenso electoral del Movimiento, los datos se habían convertido en la cuestión fundamental de una trifulca política colosal. Conocer las opiniones de los militantes registrados en un territorio y sobre un tema definido, o la opinión de los propios parlamentarios, era una importante ventaja competitiva tanto a nivel interno como más allá del M5S, para quienes tenían la ambición de guiar el partido. De este modo, si Di Maio o cualquier otro deseaba tomar las riendas del Movimiento, debía tener acceso a los datos. Conocer quién, en el grupo parlamentario, había votado a favor o en contra de la dirección, a favor o en contra de la abolición del delito de inmigración ilegal, a favor o en contra de las uniones civiles, por ejemplo, podía marcar la diferencia.

Gracias a su control absoluto sobre los datos, Casaleggio padre conservaba el control exclusivo de su criatura, incluso tras haberse convertido en el primer partido italiano. Y podía seguir desarrollando sus experimentos políticos.

En la primavera de 2016, el Movimiento 5 Estrellas tenía finalmente la oportunidad de llevar a cabo su proyecto de privatización digital de la cosa pública. El alcalde de Roma, miembro del Partido Demócrata[13], se veía obligado a renunciar a raíz de una oleada de escándalos y el Movimiento lideraba la intención de voto para tomar el relevo. Virginia Raggi, una abogada

13. N. del T.: en italiano: *Partito Democratico*, PD.

totalmente desconocida y sin experiencia pública previa, era elegida por Casaleggio como candidata a las elecciones municipales del mes de junio.

Pero, una vez más, a ojos del demiurgo, se trataba de un mero avatar: no sería ella quien administraría la ciudad eterna. Antes de ser candidata, la futura alcaldesa firmaba secretamente un acuerdo en el que se estipulaba que «*las propuestas de acciones de alta administración y las cuestiones jurídicamente complejas sean sometidas primero al criterio técnico-legal a la atención del personal coordinado por los garantes del Movimiento 5 Estrellas*». El punto 4a del mismo contrato decretaba que «*el instrumento oficial para la divulgación de información y la participación ciudadana*» no sería el sitio web oficial del Ayuntamiento de Roma, sino la bitácora www.beppegrillo.it. La cláusula 4b, por su parte, disponía que el personal de comunicación fuera nombrado por Grillo y Casaleggio. En caso de que la alcaldesa incumpliera estas disposiciones, el contrato firmado por Raggi estipulaba una penalización de 150 000 euros.

Según la legislación italiana, un contrato de este tipo era obviamente ilegal y sería declarado nulo si la alcaldesa decidía llevarlo ante la justicia. Pero el hecho mismo de su existencia, y de que hubiera sido aceptado sin el más mínimo titubeo por la futura primera ciudadana de Roma, daba a entender de nuevo la naturaleza orwelliana del experimento de Casaleggio.

Desgraciadamente para él, no tendría tiempo para ver cumplido el hito de Roma, ni el triunfo en las elecciones nacionales dos años después. Gravemente enfermo, moriría en abril de 2016, en una clínica de Milán en la que se había registrado bajo el seudónimo de Gianni

Isolato, Juan Aislado, lo que confirmaba una vez más que, en política, los *happy ends*[14] no existen.

Unos días antes de su muerte, desde su cama de hospital, Casaleggio organizaba en cualquier caso su sucesión y legaba el principal partido político italiano a su hijo Davide. En estas circunstancias nacía la Asociación Rousseau, compuesta por únicamente dos personas, el padre moribundo y el hijo en quien recaía el cetro, en forma de presidencia vitalicia de la asociación.

El objetivo de la recién nacida asociación era «*promover el desarrollo de la democracia digital y ayudar al Movimiento 5 Estrellas*». De hecho, según el artículo 1 del nuevo estatuto del Movimiento, Rousseau era responsable, a perpetuidad, del grueso de los instrumentos informáticos de 5 Estrellas. A diferencia de los partidos pirata del norte de Europa y de otras fuerzas políticas que combatían a favor de la democracia electrónica y confiaban consistentemente en plataformas de código abierto totalmente transparentes, el Movimiento 5 Estrellas tomaba sus decisiones en la más completa opacidad. El sitio en el que se asentaba toda la trayectoria del partido pertenecía a una asociación blindada y administrada por una empresa privada, que contaba con el mismo presidente. Ni los códigos ni ninguno de los elementos que regulaban el funcionamiento de la plataforma eran públicos. Rousseau era una caja negra de la que solo salían, según el capricho de Casaleggio Junior y sin control adicional alguno, los resultados de las consultas: los nombres de los ganadores de las primarias para todos los cargos

14. N. del T.: en inglés en el original. El autor juega con el doble sentido, literal y sexual, de la expresión.

públicos, decisiones sobre puntos programáticos o votaciones acerca de la expulsión de disidentes.

En tales circunstancias, no debería sorprender que la participación del voto en línea haya disminuido constantemente en los últimos años. En la actualidad, las principales cuestiones presentadas a la militancia se deciden por un puñado de clics. El demiurgo está muerto y el bufón Grillo, que ha cumplido su deber como avatar número uno de los Casaleggio, ha sido relegado a los márgenes. Todo el poder se concentra ahora en manos de Davide, quien lo ejerce con gran discreción, pero sin vacilación.

Mientras el padre había sido esencialmente un talentoso autodidacta, el hijo se había licenciado en Economía de Negocios en una de las mejores universidades privadas de Italia, la Bocconi de Milán. Tímido, metódico, muy buen ajedrecista y apasionado del buceo, Davide no ha heredado la naturaleza idealista de su padre. Según quienes lo conocen, el principal interés de Davide son los negocios. Para él, el Movimiento es una especie de superdepartamento de relaciones institucionales, capaz de abrir todas las puertas en Italia y, ahora, en el extranjero. El hecho de que, tras las elecciones del 4 de marzo de 2018, el M5S se identificara con las instituciones, no cambiaba su estrategia en lo esencial. Casaleggio Jr. permanecía entre bastidores, había dejado a sus personas de confianza a cargo y no había ninguna decisión estratégica relativa al Movimiento, y después al Gobierno, que no pasara por su oficina.

En el escenario, se apresuraban los avatares improbables del partido-empresa: el presidente del Consejo, Míster Conte; el líder provisional del Movimiento, Luigi Di Maio; el presidente de la Cámara, Roberto Fico; y el inconformista, Alessandro Di Battista. Cada uno de ellos podría ser reemplazado según fuera necesario, en función de los requisitos políticos o los intereses de la empresa. Además, para evitar cualquier malentendido, el estatuto del Movimiento establecía que ningún funcionario electo podía ejercer más de dos mandatos.

Ante esta situación sin precedentes para una democracia occidental, podemos al fin tomar plena conciencia del poder de la intuición inicial de Gianroberto Casaleggio, cuando este último había decidido crear un movimiento basado en la unión paritaria de dos componentes, uno analógico y el otro digital, que nunca habían logrado, hasta ese momento, una síntesis política tan formidable.

Este dispositivo disponía de dos características explosivas en comparación con el sistema político existente.

Ante todo, el Movimiento 5 Estrellas tenía una vocación explícitamente totalitaria, en la medida en que buscaba representar no ya a una parte, sino a todo el «pueblo». El mayor de los Casaleggio no había concebido su movimiento como un partido destinado a encajar en el juego —en su opinión anticuado— de la democracia representativa, sino como un vehículo destinado a conducir a Italia hacia un nuevo régimen político: la democracia directa, en la que los representantes de los ciudadanos desaparecían porque eran los propios ciudadanos quienes tomaban todas las decisiones a través de un proceso permanente de consulta en línea, extendido a todos los dominios de la vida social.

En segundo lugar, en relación con su aspiración totalitaria, el M5S no funcionaba como un movimiento tradicional, sino como el PageRank de Google. No tenían visión, ni programa, ni contenido positivo alguno. Se trataba de un simple algoritmo construido para interceptar el consenso mediante temáticas «que funcionan»[15]. Si la inmigración era un tema de interés, el Movimiento lo incluía adoptando la posición más popular, lo que implicaba, en la coyuntura, adoptar una postura similar a la de la Liga Norte. Lo mismo se aplicaba al euro, a la banca, etc. Si la opinión pública basculaba en la dirección opuesta en cualquiera de estos temas, el M5S cambiaba de posición —como ya había pasado en varias ocasiones— sin mostrar el más mínimo remordimiento. El partido-algoritmo concebido por Casaleggio padre tenía el único objetivo de satisfacer la demanda de los consumidores de política de manera rápida y eficiente, y esta mentalidad comercial seguía siendo la piedra angular de la organización empresarial. En una entrevista con el *Corriere della Sera*, Davide Casaleggio hablaba sobre el Movimiento como si se tratara de una cadena de establecimientos comerciales: «*Nosotros garantizamos un mejor servicio y somos más eficaces para responder a las demandas de los ciudadanos ante las instituciones […]. La vieja partidocracia es como un videoclub Blockbuster, mientras que nosotros somos como Netflix*».

15. N. del T.: comillas del autor.

Waldo a la conquista del planeta

El 25 de febrero de 2013 se caracterizó por una increíble coincidencia. El mismo día en que el Movimiento 5 Estrellas se presentaba por primera vez a las elecciones y se convertía en el partido italiano más votado —al captar el 25 % de los sufragios—, el canal televisivo inglés Channel Four retransmitía un programa de ficción que explicaba el nuevo fenómeno con mayor claridad que cualquier ensayo de sociología política. Al comienzo del episodio de la serie *Black Mirror* difundido aquella noche, Waldo, la figura generada por ordenador de un pequeño oso azul que asistía al presentador de un *talk-show* de medio pelo[1], se burlaba del invitado del día con chistes de mal gusto. Detrás de la farsa se ocultaba Jamie, un treintañero frustrado que había prestado a Waldo sus gestos y sus (peculiares) ideas mientras este atosigaba a los invitados, entre ellos Liam Monroe, un arrogante ex ministro de Cultura del partido conservador.

En un momento dado, el productor de la serie repara en que el oso se está haciendo popular: «*La gente quiere ver más de Waldo*» —constata—. La oportunidad se presenta cuando el diputado conservador se ve obligado a dimitir a raíz de un escándalo de pedofilia y Liam Monroe se convierte en candidato para ocupar su lugar. ¿Por qué no seguirlo por todas partes y ridiculizar su campaña? —imaginan entonces los productores—. Mejor todavía: ¿Por qué no hacer que Waldo le haga frente?

Al inicio de la campaña, Monroe trata de ignorar a Waldo, quien presta atención a cada uno de sus movimientos para burlarse e insultarlo. Pero el problema es que el oso agrada al

1. N. del T.: el autor opta por el inglés para definir el programa televisivo de entrevista, al referirse a este como «un *talk-show* muy *trash*».

público. Este hace reír y habla sin pelos en la lengua, contrariamente a los políticos, que se expresan en lenguaje codificado. Gracias al apoyo del público, Waldo es finalmente admitido en el debate público como uno más de los candidatos. Jamie, el actor que se oculta tras el osezno, no está cómodo con la situación: «*No tengo ni idea de cómo responder a una pregunta seria* —dice—. *Pero nadie te pide que hagas eso* —repiten los productores—, *tú eres el interludio cómico*».

Durante el debate, Monroe trata de poner fin de una vez por todas a la pantomima del oso de peluche: «*Su presencia en el debate desvaloriza nuestra democracia* —exclama—. *Es solo un personaje de dibujos animados, no propone nada, a excepción de un puñado de chistes y, cuando se le acaban, pasa a los insultos. Detrás de él se oculta un actor fracasado que, a los treinta y tres años, no ha logrado hacer nada de su vida. ¡Habla si tienes algo que proponer o, de lo contrario, retírate y abre paso a los candidatos reales!*».

Por un instante, Waldo flaquea. Pero se recupera al instante. «*Ve a hacerte mirar, Monroe. Eres menos humano que yo y eso que yo soy un oso de mentira con una polla de color turquesa. ¡Vosotros los políticos sois todos iguales, es culpa vuestra que la democracia se haya convertido en una burla y nadie sepa para qué sirve!*». En cuestión de minutos, la diatriba de Waldo se hace viral y registra millones de reproducciones en YouTube, así como infinidad de *me gusta*, retuiteos y envíos.

Es entonces cuando los comentaristas reaccionan con entusiasmo: «*¡Todo el mundo está hasta el cogote del inmovilismo, este oso es el portavoz de los desamparados!*». Waldo empieza a participar en las emisiones más serias y, cuando los presentadores muestran signos de indignación debido a su grosería e ignorancia, él responde: «*¿Por qué no cierras el* *pico, hipócrita?, ¡gracias a mí vas a lograr el mayor número de menciones en redes sociales de tu vida!*».

De cara a la votación, los productores desarrollan una aplicación que geolocaliza a los electores de Waldo que van a las urnas y los recompensa con un dispositivo digital y una broma. Un propagandista[2] estadounidense se pone en contacto con los productores: «*En estos momentos, Waldo es apolítico, ¡pero en el futuro podría transmitir cualquier contenido político! ¡Y puede funcionar en todo el mundo!*». «*Como las Pringles*», responde Jamie con guasa. «*Exactamente como las Pringles*», replica el estadounidense sin la más mínima ironía.

El productor toma entonces las riendas de Waldo en sustitución de un Jamie demasiado escrupuloso y empieza a instigar a sus seguidores a realizar acciones cada vez más violentas. El día de las elecciones, Waldo pierde por un puñado de votos, pero qué más da. El fenómeno está fuera de control. Mientras se anuncian los resultados, Waldo ordena a sus seguidores que se quiten los zapatos y los lancen a Monroe, quien, abrumado por la lluvia de proyectiles, se descubre de repente protagonista involuntario de un nuevo vídeo viral. «*Si esto se convierte en la principal oposición* —elucubra mientras atraviesa la ciudad en su coche de empresa—, *todo el sistema se va a revelar absurdo. Y es probable que lo sea, incluso a sabiendas de que ha erigido estas calles*».

La escena final se desarrolla unos años más tarde, por la noche, en una megalópolis no identificada, al más puro estilo *Blade Runner*. Una patrulla de milicianos uniformados ataca a golpe de porra a un grupo de vagabundos que duermen

2. N. del T.: el autor prefiere la expresión inglesa «*spin doctor*», menos generalizada en español que en francés o italiano.

bajo un puente. Entre ellos está Jamie, quien se detiene frente a una gigantesca pantalla. Ante él, desfilan imágenes procedentes de todos los puntos del planeta: escolares asiáticos con un uniforme turquesa inspirado en Waldo, aviones militares que lucen la efigie de Waldo... En superposición sobre la imagen, se suceden los eslóganes vacuos del nuevo poder, traducidos a todos los idiomas: *Change*, *Hope*, *Believe*, *Future*[3]. Lo que era antisistema es ahora el sistema y, tras la máscara de carnaval, se ha consolidado un régimen férreo.

En febrero de 2013, cuando la historia de Waldo fue retransmitida por primera vez, los espectadores no italianos pudieron pensar que se trataba de una fábula inverosímil. Por entonces, Donald Trump seguía siendo el presentador extravagante de telerrealidad en el canal estadounidense NBC y, tanto en Gran Bretaña como en Francia y el resto de Europa, los políticos tradicionales de los partidos tradicionales ejercían el poder al estilo tradicional, sin que nada ofreciera por entonces pistas de lo que estaba a punto de caer sobre ellos. Sin embargo, apenas unos años después, queda claro que Waldo trata de hacerse con el poder a la mínima oportunidad. Merece pues la pena estudiar las características de esta extraña bestia que se alimenta fundamentalmente de rabia, paranoia y frustración.

En un libro publicado en 2006, Peter Sloterdijk reconstruía la historia política de la ira. Según él, un sentimiento irreprimible corría a través de todas las sociedades, alimentado por aquellos que, con razón o sin ella, creen que están siendo perjudicados, excluidos, discriminados o a duras penas escuchados. Históricamente, había sido en primer lugar la Iglesia quien había canalizado esta enorme

3. N. del T.: en inglés en el original.

rabia acumulada. Luego, los partidos de izquierda habían tomado el relevo a finales del siglo XIX. Estos últimos habían asegurado, según Sloterdijk, la función de «bancos de indignación», al acumular las energías que, en vez de liberarse al instante, podían destinarse a construir un proyecto más ambicioso. Un ejercicio difícil porque dependía de, por un lado, inflamar constantemente la furia y el resentimiento y, al mismo tiempo, de controlar estas emociones para que no derivaran en episodios individuales, sino que se pusieran al servicio de la ejecución de un plan general. Según este plan, el perdedor se convertía en activista y su ira encontraba una salida política.

Hoy, dice Sloterdijk, no hay nadie que oriente la cólera que la población acumula. Ni la religión católica —que ha tenido que abandonar los tintes apocalípticos, las doctrinas del juicio universal y de la venganza de los perdedores en el más allá para adaptarse a la modernidad— ni la izquierda —que, a grandes rasgos, se ha reconciliado con los principios de la democracia liberal y las reglas del mercado—. Como consecuencia, desde inicios del siglo XXI, la ira se ha expresado de manera cada vez más desorganizada, desde los movimientos antiglobalización a los disturbios en barriadas populares.

Una década después de la publicación del ensayo de Sloterdijk, es en estos momentos evidente que las fuerzas de la indignación popular se han reorganizado y expresan su voz en el seno de la galaxia de los nuevos populismos, los cuales, desde Estados Unidos hasta Italia, pasando por Austria y Escandinavia, dominan cada vez más la escena política en sus respectivos países. Dejando a un lado todas sus diferencias, estos movimientos coinciden en emplazar en primera línea de la agenda política el castigo a las élites políticas tradicionales, a derecha e izquierda. Estas últimas son acusadas de traicionar el mandato popular y cultivar los intereses de una minoría atrincherada en lugar de atender los de la «mayoría silenciosa».

Más que medidas específicas, los líderes populistas ofrecen a los electores una oportunidad única: votar por ellos implica dar una bofetada en la cara a los gobernantes. Por ejemplo, uno de los folletos pro-Brexit mostraba los rostros complacientes del entonces primer ministro David Cameron y el del canciller del Exchequer[4] George Osborne, acompañados de un lema: «*Haz que se les pasen las ganas de sonreír, vota Leave*[5]». La muchedumbre que exaltaba a Trump durante sus mítines electorales coreaba, por su parte: «*Lock her up! Lock her up!*» ('¡Encerradla, encerradla!'), en referencia a su rival electoral Hillary Clinton.

Ya en la Antigua Grecia, el castigo a los poderosos siempre encabezaba el programa de medidas de los demagogos. Y, si bien el resto de las promesas populistas son nebulosas y poco realistas, hay que admitir que, al menos en este primer punto, cumplen su palabra. Un voto de protesta a su favor —o incluso una simple preferencia expresada en una encuesta— es capaz de sembrar el pánico entre las élites políticas tradicionales. Por tanto, quienes declaran que la llama populista durará poco —porque, una vez en el poder, las fuerzas que la encarnan no lograrán mantener sus promesas— nadan en un

---

4. N. del T.: en el Reino Unido se designa al ministro de Hacienda con el título de canciller del Exchequer.

5. N. del T.: el binomio «Leave» vs. «Remain» —abandonar la UE o permanecer en la organización supranacional europea— expresado en el polémico referéndum que, según muchos analistas, David Cameron podría haber evitado, ha sumido la política británica en un período de crisis sin precedentes desde finales de la Segunda Guerra Mundial.

mar de ilusión. La promesa central de la revolución populista es humillar a los poderosos y este hecho se materializa en el mismo momento en que llegan al poder.

Detrás de la ira pública, hay causas reales. Los votantes castigan a las fuerzas políticas tradicionales y recurren a líderes y movimientos cada vez más extremos porque se sienten amenazados por la perspectiva de una sociedad multiétnica y, en general, penalizados por procesos de innovación y globalización que las élites les han endosado en dosis de caballo a lo largo del último cuarto de siglo.

No estaríamos hablando de Waldo, de Trump y Salvini, del Brexit y de Marine Le Pen si no hubiera una realidad material en la que los nuevos populistas pudieran confiar para desarrollar sus reivindicaciones. No obstante, cuando se examinan los datos más de cerca, estos elementos, si bien relevantes, no son suficientes para explicar la magnitud de la agitación actual. Así lo atestigua, por cierto, el simple hecho de que, casi en todas partes, no sean necesariamente los más pobres, o los más expuestos a la inmigración y el cambio, quienes se echan en brazos de Waldo. Los votantes de Trump registraron mayores ingresos en 2016 que los votantes de Hillary Clinton, mientras que en Europa los partidos xenófobos obtienen sus mejores resultados en las regiones con menos inmigrantes.

Si bien la desconfianza contemporánea se basa en razones objetivas cuya importancia nadie pretende negar, también se alimenta de un factor *a posteriori*, el auténtico tabú que nadie se atreve a mencionar: no son solo las élites las que han cambiado, sino también «el pueblo».

Como dice el escritor estadounidense Jonathan Franzen, es posible que «*todo el mundo, cada uno por su cuenta, haya acabado de improviso sospechando de las élites*». Pero es más probable que Internet y el advenimiento de teléfonos inteligentes y redes sociales hayan tenido algo que ver en ello. Un elemento fundamental de la ideología de Silicon Valley es la sabiduría de las multitudes: no habría que confiar en los expertos, pues la gente sabría más. El hecho de caminar con la verdad en el bolsillo, en forma de un dispositivo pequeño, brillante y colorido sobre el que es suficiente ejercer una ligera presión para obtener todas las respuestas del mundo, incide inevitablemente sobre todos nosotros.

Nos hemos habituado a recibir una respuesta instantánea a nuestras peticiones y deseos. No importa cuál sea la petición, «*There's an app for that*» ('Hay una aplicación para eso'), precisaba un anuncio de Apple. Una forma de impaciencia legítima se ha apoderado de todos nosotros: ya no estamos dispuestos a esperar. Google, Amazon y Deliveroo nos han habituado a que nuestros deseos se cumplan antes de que los hayamos formulado por completo. ¿Por qué la política debería ser diferente? ¿Cómo es posible tolerar los rituales dilatorios e ineficaces de una maquinaria gobernada por dinosaurios impermeables a cualquier solicitud?

Pero detrás del rechazo de las élites y de la nueva impaciencia de los pueblos está la forma en que las propias relaciones interpersonales están mutando. Somos criaturas sociales y nuestro bienestar depende, en buena medida, de la aprobación de quienes nos rodean. A diferencia de otros animales complejos, el ser humano nace indefenso y sin habilidades, y lo sigue siendo durante muchos años. Desde el principio, su supervivencia depende de las relaciones que logra establecer con los demás. El diabólico poder de atracción de las redes sociales se basa en este elemento esencial. Cada *me gusta* es una caricia materna hecha a nuestro ego. Toda la arquitectura de Facebook se basa en nuestra necesidad de reconocimiento, como ha admitido sin tapujos su primer inversor de capital riesgo, Sean Parker:

«*Nosotros te facilitamos una pequeña dosis de dopamina cada vez que alguien te consagra un* me gusta, *comenta una foto o una entrada, o cualquier otra acción. Se trata de un bucle de validación social, exactamente el género de cosa que un hacker como yo podría explotar, porque se aprovecha de un punto débil en la psicología humana. Los inventores, los creadores, yo, Mark [Zuckerberg], Kevin Systrom de Instagram, eran muy conscientes de ello. Y lo hicimos de todos modos. Esto transforma literalmente las relaciones que las personas establecen, entre sí y con la sociedad en su conjunto. Y, probablemente, interfiere con la productividad de un modo u otro. Solo Dios sabe lo que todo esto está haciendo al cerebro de nuestros hijos*».

Mucho antes de los Bannon y los Casaleggio, hubo el trabajo de los aprendices de hechicero de Silicon Valley. La maquinaria hiperpotente de las redes sociales, enlazada a los manantiales más primarios de la psicología humana, no fue diseñada para apaciguarnos. Por el contrario, fue construida para mantenernos en un estado de incertidumbre y de vacío permanente. El cliente ideal de Sean Parker, de Zuckerberg y del resto es un individuo compulsivo, incitado por una fuerza irresistible a volver a la plataforma docenas o incluso centenares de veces al día, en busca de esas pequeñas dosis de dopamina con las que ha establecido una relación de dependencia. Un estudio realizado en Estados Unidos ha demostrado que cada uno de nosotros ejerce, como promedio, 2617 acciones diarias sobre la pantalla de nuestro teléfono inteligente. No es realmente el comportamiento de alguien cuerdo, sino más bien el de un yonqui en fase terminal que se chuta toda la jornada a golpe de refrescos de pantalla y de *me gusta*.

Para comprender la rabia contemporánea, es necesario, por lo tanto, alejarse de la perspectiva puramente política y entrar en una lógica distinta. La rabia, dicen los psicólogos, es el «efecto narcisista por excelencia», que surge de un sentimiento de soledad e impotencia y que caracteriza la figura del adolescente, un individuo ansioso que busca en todo momento la aprobación de sus compañeros, siempre temeroso de la idea de su propia inadecuación.

El problema es que hoy, en las redes sociales, todos somos adolescentes enclaustrados en nuestras habitaciones, en las que aumenta nuestra frustración debido a la creciente brecha entre la mediocridad de nuestras vidas y todas las posibilidades virtualmente a nuestro alcance.

Y, como un adolescente —dicen los psicólogos—, tenemos altas probabilidades de terminar en dos tipos de sitio web que alimentan aún más nuestra frustración. Los sitios pornográficos y los sitios de teorías conspirativas, que ejercen un intenso poder de satisfacción porque ofrecen, al fin y al cabo, una explicación plausible a las dificultades en que nos encontramos. La culpa es de otros, nos dicen, los cuales no hacen más que manipularnos para lograr sus perversos objetivos. Te revelamos la verdad, prosiguen estos, para que puedas aliarte con otros que, como tú, ¡al fin han abierto los ojos!

El teórico de la conspiración siempre ofrece un mensaje halagador. Entiende al indignado, conoce su ira y la justifica: no es culpa suya, es de los demás, pero todavía puede redimirse convirtiéndose en un actor de la batalla por la verdadera justicia. Se empieza por las cosas más insignificantes para llegar a las más grandes. En un hermoso libro, Simone Lenzi ha relatado la epidemia de resentimiento y rabia que se ha apoderado de los italianos a partir de un episodio aparentemente insignificante.

«Recuerdo que un día había aflorado, en el blog, una discusión sobre los reembolsos en metálico. Y especialmente sobre quienes se equivocan cuando devuelven calderilla. Todo el mundo se refería a su propia experiencia: con el estanquero, con el quiosquero, con el farmacéutico y con el camarero que se equivoca al darte el cambio. Todos los participantes en la discusión habían sido víctimas de una devolución de dinero errónea; pero, claro, en sentido inverso, nadie había cometido jamás el error de devolver dinero de más. Alguien había tratado de timar dos euros a fulano, diez euros a mengano. Estanqueros, farmacéuticos, camareros, taxistas: todos se habían equivocado deliberadamente para timarlos. Pero, finalmente, había llegado el momento de decir basta. No volverían a aceptar ser estafados. Habían dejado de estar solos, ya no eran átomos perdidos en el universo: se habían convertido en legión». «—¿Cómo te llamas?», Jesús preguntó. *«—Mi nombre es Legión, pues somos muchos».*

La historia de la devolución de dinero es sin duda un ejemplo trivial, pero ilustra bien la dinámica paranoica subyacente a la miríada de conspiraciones que florecen en la web.

Las redes sociales no son, por naturaleza, propensas a la conspiración. Sean Parker y Mark Zuckerberg no están particularmente interesados en la cuestión de la devolución de cambio, ni —supongo— creen que las vacunas causen autismo o que George Soros planeara la invasión de Europa por migrantes musulmanes. No obstante, las conspiraciones funcionan en las redes sociales porque invitan a las emociones intensas, a la indignación, a la rabia. Y estas emociones generan clics y mantienen a los usuarios pegados a la pantalla.

Un reciente estudio del MIT mostraba que la información falsa tiene, en promedio, un 70 % más de probabilidades de ser compartida en Internet, porque es generalmente más peculiar que una verdadera. Según los investigadores, en las redes sociales, la verdad tarda seis veces más que una noticia falsa[6] en llegar a 1500 personas. ¡Al fin nos llega la confirmación científica de la frase de Mark Twain de que «*una mentira puede dar la vuelta a la tierra mientras la verdad se está todavía calzando*»!

Los nuevos empleados que entran en Facebook aprenden de inmediato que el parámetro crucial para la empresa se llama L6/7 —un índice que mide el porcentaje de usuarios intoxicados hasta tal punto por la plataforma que la utilizan seis días a la semana—. Para aumentar esta cifra, la información fehaciente y la efusividad entre antiguos compañeros de clase no son suficientes. «*La mera contemplación de la realidad no ocupa tanto tiempo* —escribe Jaron Lanier—. *Para mantener a sus usuarios conectados, una red social debe más bien lograr que se enojen, que se sientan inseguros y asustadizos. La situación más favorable es esa en la que los usuarios entran en extrañas espirales de consenso desmedido o, por el contrario, de conflicto con otros usuarios. La situación perdura indefinidamente, y esa es la intención. Las empresas no planifican ni organizan ninguno de estos modelos de uso. En cambio, se alienta a terceros a que se ocupen del trabajo sucio. Como, por ejemplo, los jóvenes macedonios que completan su sueldo mensual publicando noticias falsas envilecidas. O incluso los estadounidenses que quieren ganar algo de dinero extra*».

Las implicaciones de un modelo de negocio de este tipo, aplicado a un tercio de la humanidad —2200 millones de personas— que utiliza Facebook al menos una vez al mes, aún deben analizarse en toda su extensión. Pero queda claro

6. N. del T.: el autor opta por en anglicismo «*fake news*», de uso más generalizado en francés e italiano que en español.

que uno de los efectos de la propagación de las redes sociales ha sido elevar estructuralmente el nivel de ira ya presente en nuestra sociedad.

Todos los estudios muestran que las redes sociales tienden a exacerbar conflictos, al radicalizar los discursos hasta puntos que, en algunos casos, derivan en un verdadero factor de violencia.

En Birmania, las ONG han denunciado durante años el papel desempeñado por las comunicaciones a través de Facebook en la persecución de la minoría musulmana rohinyá. En 2014, un budista fundamentalista provocó una serie de linchamientos al compartir en la plataforma la información falsa de una violación. Las autoridades se vieron obligadas a bloquear el acceso a Facebook para detener el estallido de violencia. Un estudio de miles de entradas ha perfilado los contornos de una verdadera campaña para deshumanizar a los rohinyás y promover el uso de la violencia contra ellos hasta llegar al genocidio.

En Brasil, varias investigaciones revelaban el papel de YouTube en la propagación del virus del Zika. A partir de 2015, mientras que las autoridades médicas trataban de distribuir vacunas y larvicidas que matan a los mosquitos responsables de la propagación del virus, los primeros vídeos con teorías conspirativas aparecían en la red. Algunos revelaban la existencia de una conspiración de las ONG para exterminar a las poblaciones más pobres, mientras que otros atribuían la propagación del virus a las propias vacunas y larvicidas. La popularidad de estos vídeos había creado un clima de desconfianza que llevó a muchos padres a rechazar procedimientos médicos esenciales para la supervivencia de sus hijos. «*Estamos luchando contra el doctor YouTube todos los días y estamos perdiendo*», declaraba un médico a la prensa brasileña.

Guillaume Chaslot, ex empleado de YouTube, ha explicado con detalle cómo el algoritmo de la plataforma, responsable del 70 % de los vídeos visionados, fue diseñado para encauzar a su audiencia hacia un contenido cada vez más extremo y garantizar así el máximo nivel de afinidad. De este modo, a cualquiera que busque información sobre el sistema solar en YouTube se le ofrecerán vídeos que sostienen la idea de que la Tierra es plana, mientras que quienes estén interesados en temas de salud serán rápidamente reorientados hacia tesis antivacunas y conspiracionistas. El mismo mecanismo entra de nuevo en juego en el terreno político. En los últimos años, los brasileños han sido testigos de la creciente popularidad de una nueva generación de *youtubers* de extrema derecha, los cuales han sabido explotar el algoritmo de la plataforma para multiplicar su visibilidad (e ingresos...). Es el caso de Nando Moura, un guitarrista aficionado con más de tres millones de suscriptores en un canal de YouTube donde alterna tonadillas, tutoriales de videojuegos y, sobre todo, una extraordinaria variedad de teorías conspirativas. O el de Carlos Jordy, un culturista recubierto de tatuajes que debe su popularidad, y su escaño en el Parlamento, a una serie de vídeos que denuncian una trama de maestros de izquierda para difundir el comunismo en las escuelas.

O incluso el caso del Movimento Brasil Livre[7], una organización fundada con motivo de la campaña a favor de procesar a la expresidenta Dilma Rousseff, que creó una auténtica factoría de producción de vídeos para YouTube gracias al uso de jóvenes profesionales dedicados a combatir lo que consideraban «la dictadura de la corrección política». En octubre de 2018, uno de los

7. N. del T.: en portugués en el original.

miembros más activos del movimiento, Kim Kataguiri, se convertía, a los 22 años, en el miembro más joven jamás elegido para el Congreso. Al mismo tiempo, otros cinco candidatos del MBL[8] entraban también en el Parlamento nacional. Juntos, estos personajes, acompañados de innumerables figuras de perfil similar, contribuyeron a crear el clima que posibilitó la elección de un ex soldado de extrema derecha, muy popular en las redes sociales, a la presidencia de la República. El vídeo de los partidarios de Jair Bolsonaro, reunidos en Brasilia el día de su toma de posesión mientras entonaban al unísono los nombres de Facebook y YouTube, dio también la vuelta al mundo.

Más cerca de casa, se manifestaban las mismas dinámicas. Una investigación de *The New York Times* documentó la relación entre el uso de Facebook y la violencia contra los refugiados en Alemania. Al examinar los 3000 casos de agresiones registrados en los últimos dos años, los investigadores descubrieron que el número de incidentes está directamente relacionado con el índice de penetración de Facebook. Cuando el uso de la plataforma está por encima de la media, la frecuencia de los asaltos también aumenta, con una relación directa que se reproduce en todos los ámbitos, desde la aldea rural a la gran ciudad.

De la sobreexcitación digital a la ascensión política no hay más que un paso, algo que el partido de extrema derecha AfD se ha ocupado de explorar en los últimos años. No es casual que algunos observadores lo hayan apodado «*el principal grupo de Facebook*» de Alemania.

8. N. del T.: siglas del mencionado Movimento Brasil Livre.

«El funcionamiento de la AfD —afirma Martin Fuchs[9]— *gira en torno a Facebook, realidad que lo aparta fundamentalmente de los otros actores políticos».*

En Cataluña, el movimiento independentista nunca habría podido desarrollarse como lo ha hecho en los últimos años sin la infraestructura digital que le ha permitido, por un lado, construir un espacio de información alternativo, dentro del cual los argumentos populistas del nuevo nacionalismo catalán fueron capaces de echar raíces; y, por el otro, una auténtica organización clandestina, capaz de garantizar la realización de un referéndum en desafío a las prohibiciones oficiales. En este respecto, los activistas catalanes pudieron beneficiarse del consejo de un ingeniero del caos excepcional, el fundador de WikiLeaks, Julian Assange. Este último no se limitó a convertirse en uno de los principales apoyos internacionales de los independentistas, mientras componía tuits que tildaban al Estado español de «república bananera», sino que también enseñó a los militantes catalanistas a anular la vigilancia de las fuerzas del orden gracias al uso de servicios de mensajería encriptados. El día del referéndum, cada mesa electoral clandestina había sido equipada con su propio grupo de WhatsApp para informar a los votantes sobre los procedimientos para participar en la consulta y, a medida que las fuerzas del orden lograban infiltrarse en estos grupos, las comunicaciones se desplazaban a otras aplicaciones de mensajería más seguras, como Signal y Telegram.

9. N. del T.: bloguero y comentarista político con gran difusión en el mundo germanohablante.

En Francia, el movimiento de los chalecos amarillos[10] se nutrió desde el inicio de dos ingredientes: la rabia de ciertos círculos de las clases populares y el algoritmo de Facebook: desde los primeros grupos indignados que empezaron a aparecer en la plataforma a principios de 2018, hasta peticiones en línea contra el precio de los carburantes que obtuvieron millones de apoyos, pasando por grupos tales como *La France en colère!!!*[11], convertidos en los órganos de información y lugares de coordinación de la protesta. En ausencia de una organización formal, los creadores de las páginas de Facebook más seguidas se transformaron al instante en los líderes del movimiento, recibidos por las autoridades y cortejados por los medios de comunicación. La idea misma del uso del chaleco de seguridad como signo de identidad había surgido, por cierto, de un vídeo publicado en Facebook por un joven mecánico, Ghislain Coutard, que fue visionado más de 5 millones de veces en cuestión de pocos días. De nuevo, lo que llama la atención es la rapidez del fenómeno: el vídeo había aparecido en línea el 24 de octubre y, tres semanas después, el 17 de noviembre, 300 000 chalecos amarillos se movilizaban en todo el territorio francés, en una protesta autogestionada que causó una muerte y 585 heridos.

Una vez más, Facebook había funcionado como un multiplicador formidable, al absorber los ingredientes más dispares para alimentar una epidemia de ira que se ha contagiado desde la dimensión virtual a la realidad. En el germen de la protesta estaban las quejas legítimas de los

10. N. del T.: movimiento social de protesta de los *gilets jaunes*.

11. N. del T.: en francés en el original. Literalmente, «¡¡¡La Francia indignada!!!».

contestatarios que se oponían al aumento de los impuestos sobre el carburante y a medidas análogas del Gobierno. Pero, desde el primer día, el algoritmo desenfrenado de la red social californiana combinó estos temas con llamadas a la revuelta de la extrema derecha y la extrema izquierda, las noticias falsas y las teorías conspirativas procedentes de una amplia variedad de fuentes. Circularon, asimismo, una carta falsa del presidente de la República en la que se invitaba a las fuerzas de la ley y el orden a utilizar toda la fuerza contra los manifestantes, los detalles de un complot masónico para subyugar a Francia, el análisis de un supuesto constitucionalista que explicaba que la elección de Macron había sido ilegítima. También se compartió ampliamente otra tesis: que el Pacto Mundial sobre Migración promovido por Naciones Unidas[12] sería de hecho una conspiración para someter a la clase media blanca. Macron habría, según esta teoría, «vendido Francia» al firmar el pacto en Marrakech poco tiempo antes de dimitir.

Para hacerse una idea de la naturaleza del cóctel explosivo que avivó la furia de los manifestantes, bastaba con echar un vistazo durante los días de protesta a la página de Facebook *La France en colère!!!*, principal lugar de coordinación del movimiento con decenas de millones de clics en su haber. Los argumentos más sensatos y testimonios reales de chalecos amarillos con dificultades se alternaban continuamente con ataques contra los diputados excesivamente

12. N. del T.: la conferencia intergubernamental para adoptar el Pacto Mundial para una Migración Segura, Ordenada y Regular se llevó a cabo —a petición de la Asamblea General de la ONU— en Marrakech, Marruecos, el 10 y 11 de diciembre de 2018. Se trata del inicio de las negociaciones formales y no la firma de un pacto vinculante de ningún tipo.

remunerados y los medios de comunicación supeditados al poder establecido, pasando por noticias falsas de procedencia rusa e invitaciones a asaltar el Palacio del Elíseo[13].

En su plasticidad, capaz de combinar todo y, sobre todo, lo contrario de todo, el movimiento de los chalecos amarillos ha demostrado por enésima vez que la rabia contemporánea no nace solo de causas objetivas, ya sean de naturaleza económica o social. Esta rabia también nace del reencuentro entre dos grandes tendencias ya mencionadas. En materia de oferta política, el debilitamiento de las organizaciones que canalizan tradicionalmente la rabia popular, «los bancos de la ira» de Sloterdijk: la Iglesia y los partidos de masas. Y, en términos de demanda, la irrupción de nuevos medios que parecen creados a medida —en realidad, lo son— para exacerbar las pasiones más extremas, los «*fight club*[14] de los cobardes», tal y como los define Marylin Maeso.

El auténtico talento de los ingenieros del caos reside en su capacidad de posicionarse en el vértice de esta intersección. Uno de ellos, el gran asesor de Viktor Orban, Arthur Finkelstein, describía la situación en los siguientes términos ya en la primavera de 2011: «*Viajo mucho por todo el mundo y observo una gran cantidad de rabia por todas partes. En Hungría, Jobbik ganó el 17 % de los votos con el mensaje "es culpa de los romaníes". Lo mismo está ocurriendo en Francia, Suecia, Finlandia. En Estados Unidos, la rabia se centra en los mexicanos, en los musulmanes. Hay un grito al unísono: nos*

13. N. del T.: sede oficial de la presidencia de la República francesa.

14. Alusión a *Fight Club*, filme de 1999 dirigido por David Fincher y protagonizado por Brad Pitt, Edward Norton y Helena Bonham Carter, adaptación de la novela homónima de Chuck Palahniuk (1996).

quitan nuestro trabajo, cambian nuestra forma de vida. Todo esto producirá una demanda de gobiernos más firmes y hombres más fuertes, que "detengan a esa gente", sea cual sea "esa gente". Hablarán de la economía, pero el corazón de su asunto es muy distinto: es la rabia. Es una gran fuente de energía que se está acumulando por todas partes».

Por tanto, los ingenieros del caos comprendieron antes que otros que la rabia constituía una fuente colosal de energía, y que podía explotarse para lograr cualquier objetivo, siempre y cuando se entendieran los mecanismos y se dominara la tecnología.

Waldo no es más que la traducción política de las redes sociales. Una maquinaria temible que se alimenta de rabia y tiene como único principio el compromiso con sus simpatizantes. Lo importante es alimentar la rabia con contenidos «calientes» que susciten emociones.

Detrás de la oficina de Davide Casaleggio en Milán, una pantalla mide en tiempo real la popularidad de los contenidos publicados en las diversas plataformas de la galaxia del Movimiento 5 Estrellas. Poco importa que sean positivos o negativos, progresistas o reaccionarios, verdaderos o falsos. Los conceptos que agradan son desarrollados y recuperados, y se transforman en campañas virales e iniciativas políticas. El resto desaparece, en un proceso darwiniano que tiene por único criterio la atención generada en la red.

Desde finales de 2014, la Liga de Matteo Salvini ha desarrollado un aparato similar, apodado «la Bestia». Los perfiles sociales de Salvini son analizados sistemáticamente para conocer qué publicaciones y tuits concentran la mayor cantidad de actividad y qué tipo de personas interactuaron. No se escatiman esfuerzos para alimentar a la Bestia, como demuestra el caso de la iniciativa *Vinci Salvini*[15], un juego en línea lanzado durante la campaña electoral de 2018 que permitía a quienes produjeran contenido a favor de la Liga acumular puntos y, por qué no, mantener un encuentro con el propio líder del partido. Todos los datos son fagocitados por la Bestia, que los escupe en forma de eslóganes y campañas capaces de cautivar a cientos de miles, a veces a millones de votantes.

Por supuesto, como en el caso de Waldo, una mano humana se oculta tras la Bestia. Pertenece a Luca Morisi, doctor en Filosofía de la Universidad de Verona, donde enseñó «computación filosófica» durante diez años, es decir, «*cómo la revolución digital redetermina los temas clásicos del pensamiento occidental*».

Claramente, el fruto de esta cuidadosa reflexión se identifica con las posturas al estilo Mussolini 2.0 del Capitán, el apodo que Morisi ha acuñado para Salvini. «*Matteo es un defensor de la comunicación polarizada* —dice—. *Busca el contacto con la gente incluso cuando lo encañonan con una bazuca. Se crece con el conflicto. Así, se las ingenia, incluso mejor que Trump, para involucrar a aquellos que lo apoyan. Si vas de vacaciones y encuentras un restaurante que te gusta, pones un* me gusta *en su página de Facebook, pero es muy poco probable que vuelvas. El secreto de Salvini reside en el hecho de haber logrado catalizar una atención constante en torno a su figura. La continuidad del contacto es lo más importante*».

Compromiso, compromiso, compromiso. El parámetro clave es siempre el mismo. Gracias a la astucia de Morisi, el Capitán se convirtió en pocos meses en el líder europeo más seguido en Facebook, con 3,3 millones de *me gusta*, contra

15. N. del T.: en italiano en el original .

los 2,5 millones de Angela Merkel y los 2,3 de Macron. Trump acumula 22 millones, pero —añade Morisi— «*Matteo le gana en términos de participación pública: 2,6 millones de clics por semana para Salvini frente a 1,5 millones para Trump*».

Para lograr estos resultados, hay quien afirma que la Liga utilizó ejércitos de software y de perfiles falsos. Morisi lo ha negado: «*Nunca he creado ni administrado perfiles falsos de Twitter o Facebook para aumentar artificialmente la participación*», ha asegurado.

En cambio, reivindica haber creado avatares de carne y hueso. «*En 2014, nosotros creamos una estrategia, "Conviértete en portavoz de Salvini", que dio mucho que hablar: el usuario se registraba y aceptaba tuitear automáticamente los contenidos publicados por Salvini. No eran personas inventadas, sino gente real que accedió a tuitear contenidos concretos en determinados contextos*». La iniciativa fue un éxito. Decenas de miles de personas, a menudo novicias en Internet, acordaron registrarse en las redes sociales para convertirse en avatares del *Capitano*. «*Pero desde entonces ha habido un apoyo tan fuerte, incluso en Twitter, que ya ni siquiera las necesitamos*».

Este resultado, indiscutible en términos numéricos, nació en parte gracias a la habilidad de Morisi. Los nuevos ingenieros del caos son a menudo creativos y a veces dominan técnicas que los propagandistas tradicionales no siempre conocen.

En Alemania, la campaña del partido de extrema derecha AfD se las ingenió para que, cada vez que algún elector escribía el nombre de «Angela Merkel» en Google, el primer resultado fuera una página que denunciaba la traición de la canciller sobre la política de refugiados y las víctimas del terrorismo en Alemania.

En Estados Unidos, detrás de la aparente simplicidad de la campaña de *bajo coste*[16] de Donald Trump, también se usaron técnicas psicométricas de Cambridge Analytica y, sobre todo, la capacidad para aprovechar las características más avanzadas de Facebook gracias a un equipo de técnicos puestos a disposición por la red social (que la campaña de Clinton había rechazado).

En Brasil, los comunicadores a cargo de la campaña del candidato ultranacionalista Jair Bolsonaro eludieron los límites del contenido político en Facebook comprando miles de números de teléfono para bombardear a los usuarios de WhatsApp[17] con mensajes y noticias falsas.

No obstante, pese a los logros de los ingenieros del caos, la verdadera ventaja competitiva de Waldo no es de naturaleza técnica. Reside en la naturaleza del contenido en el que se basa la propaganda populista. La indignación, el miedo, los prejuicios, el insulto, la polémica racista o sexista se propagan en la web y generan mucha más atención y compromiso que los debates soporíferos de la vieja política.

Los ingenieros del caos son muy conscientes de ello. En palabras de Andy Wigmore, mano derecha del líder soberanista británico Nigel Farage y estratega de una de las dos campañas a favor del Brexit: «*Cuando publicábamos algo sobre economía, obteníamos a lo sumo tres o cuatro mil* me gusta. *Si poníamos algo emocional, lográbamos trescientos o cuatrocientos mil* me gusta *en cada ocasión, ¡a veces incluso dos o tres millones!*».

16. N. del T.: el autor opta por el anglicismo «*low cost*».

17. La aplicación de mensajería es también propiedad de Facebook.

En Alemania, el contenido incendiario de los mensajes de la AfD ha permitido al partido de extrema derecha imponerse en la red. Según una investigación de la agencia NewsWhip, cada publicación en la página de Facebook de la AfD produce, de promedio, cinco veces más interacciones que una publicación de la CDU.

Qué más da si el compromiso de fidelidad procede de avivar los rescoldos de los prejuicios y el racismo, o de propagar informaciones falsas: «*Nosotros fotografiamos la realidad* —se defiende Morisi—. *Por supuesto, usamos un cromatismo saturado, pero uno se da cuenta de que, de hecho, estos sentimientos ya existen en las personas*».

Waldo asegura no hacer nada más que repetir lo que la gente piensa y hacerlo sin hipocresía, con el lenguaje que la gente usa. Y mucho mejor si las élites enemigas del pueblo consideran ofensivo y vulgar este lenguaje. Es un signo de su desconexión del pueblo, que solo Waldo representa. Mejor aún, refleja.

Pero, al posicionarse como espejo de lo peor, Waldo actúa en calidad de su multiplicador. En Italia, como en los Estados Unidos de Trump o en la Hungría de Orban, el primer y principal efecto de la nueva propaganda es la relajación del habla y el comportamiento.

Por primera vez en mucho tiempo, la vulgaridad y los insultos personales han dejado de ser tabú. Los prejuicios, el racismo y el sexismo salen de su escondrijo. Las patrañas y las teorías conspirativas se convierten en una clave para interpretar la realidad.

Y todo esto se presenta como una guerra sacrosanta para la liberación de la palabra del pueblo, finalmente liberada de los códigos opresivos de las élites globalizadas y *políticamente correctas*[18]. Las mismas élites que ocasionaron la crisis financiera, causaron el empobrecimiento de las clases trabajadoras y, como guinda del pastel, conspiraron con las ONG y grupos de interés judeo-masónicos para reemplazar la fuerza laboral local por migrantes de países en desarrollo.

Una vez que la ira se ha desatado, se hace posible construir cualquier tipo de operación política. «*Averigua por qué la gente está indignada, diles que es culpa de Europa, vota y haz que se vote Brexit*»; es así cómo uno de los ingenieros del caos resumía la estrategia, elemental y peligrosa, de una campaña de referéndum que parecía destinada a la derrota. «*Dejadme ser el abanderado de vuestra ira*»; fue así como el candidato más improbable de la historia materializó su asalto a la Casa Blanca.

Detrás de los principales acontecimientos geopolíticos de los últimos años, está la risa burlona de Waldo, el oso azul que parecía ser una broma y se convirtió en el actor que está cambiando la faz del mundo. Si, para Lenin, el comunismo eran los sóviets y la electricidad, para los ingenieros del caos el populismo nace de la combinación de la ira con los algoritmos.

18. N. del T.: el autor opta por la expresión en inglés, «*politically correct*», en alusión a uno de los lemas más efectivos de Donald Trump durante las primarias republicanas, durante la campaña presidencial y como presidente electo de Estados Unidos.

Trol Supremo

El 4 de noviembre de 2008, Estados Unidos entraba en una nueva era, o al menos nos acostamos esa noche convencidos de ello. Por primera vez, elegía a una persona de origen africano para la Casa Blanca. Las fracturas que habían marcado la historia de ese gran país parecían haber remitido al fin y todos los sondeos eran unánimes: «*El racismo ha dejado de existir*». Incluso en los Estados sureños más retrógrados, ya no había un solo votante dispuesto a admitir que su voto estaba influenciado por el color de la piel. Más de tres siglos después, el crisol de razas estadounidense parecía haber completado al fin su culminación natural.

Sin embargo, esa misma noche del 4 de noviembre, lejos de los focos del Grant Park de Chicago —donde Barack Obama había celebraba su elección—, se producía un fenómeno muy distinto. Los datos recabados por Google —que, a diferencia de las encuestas, revelan los pensamientos y comportamientos reales de las personas— atestiguaban que, a lo largo de la noche, el número de búsquedas de la expresión «*first nigger president*» —«*primer presidente negrata*[1]»— sobrepasaba en algunos Estados las búsquedas de «*first black president*» —«*primer presidente negro*»—. La misma noche, la red social racista Stormfront registraba, asimismo, el pico más alto de visitas de su historia.

De hecho, mientras la historia oficial anunciaba el fin del odio racial, este ya se estaba reorganizando y adoptaba una nueva forma (esta vez menos explícita y más contemporánea) que le permitiría, ocho años después, celebrar

1. N. del T.: «*nigger*» es un insulto racial, denota «negro» o «de color» en su connotación más peyorativa.

un sonado *come-back*[2]. En ese momento, nadie se dio cuenta. Más que un político tradicional, habría hecho falta un zahorí para detectar el fenómeno: desde los primeros meses del mandato de Obama, este prospector, capaz de movilizar la base oculta más importante de electores racistas, tomará el rostro improbable de Donald Trump.

Improbable no tanto por su cabellera amarilla, sus negocios dudosos y su pose teatral, sino más bien porque, en el otoño de 2008, el constructor neoyorquino era una de las figuras más populares entre los afroamericanos y los latinos. *The Apprentice* (el programa de telerrealidad que había presentado desde 2004, en el que se interpretaba a sí mismo) apelaba especialmente a las minorías porque ponía en escena a jóvenes de todos los orígenes étnicos que competían para hacer realidad el sueño americano bajo la mirada implacable pero justa de Donald. Al comienzo de cada episodio, instantes antes de subir a un helicóptero con su nombre en el fuselaje, el magnate se dirigía a la cámara: «*He dominado el arte de los negocios y convertido el nombre de Trump en una marca de la más alta calidad. Como maestro, quiero transmitir mis conocimientos a otra persona. Estoy buscando… al Aprendiz*».

Entre los dieciséis jóvenes que participaban cada temporada en la competición para ganarse el favor del Maestro, había, por supuesto, hombres y mujeres que representaban la diversidad racial de la sociedad estadounidense. Y no era raro que ganaran; como en el otoño de 2005, cuando el programa coronó a Randall Pinkett, un joven y brillante afroamericano de veintiséis años. *The Apprentice* orientaba

2. N. del T.: en inglés en el original. Retorno, con toda la aureola que la cultura estadounidense otorga a redenciones, segundas partes, segundas oportunidades y al bestiario de «*revenants*».

sus focos hacia la vitalidad de una sociedad multiétnica, y las minorías así lo reconocían. Durante este período, Donald Trump fue más popular entre negros y latinos que entre el público blanco.

Sin embargo, todo estaba destinado a cambiar de manera vertiginosa a partir de 2010. Fue a partir de ese momento que Trump adoptaría una teoría conspirativa que hasta ese momento había permanecido confinada a los márgenes más extremos de la derecha alternativa, según la cual Barack Obama no habría nacido en Estados Unidos y no habría tenido, por tanto, el derecho de ser elegido presidente: «*Soy un poco escéptico sobre el nacimiento de Obama* —declaraba—, *y no creo que los que compartimos este punto de vista debamos ser considerados idiotas a las primeras de cambio*». «*Allí donde él dice haber nacido, nadie se acuerda de él*». «*Hay algo en ese certificado de nacimiento que al propio Obama no le gusta*». Así, de pequeña declaración en pequeña declaración, Trump dio vida a una campaña cuyo objetivo era obligar a Obama a presentar su certificado de nacimiento. Cuando la Casa Blanca finalmente publicó el documento, Donald aumentó incluso la puja, al ofrecer cinco millones de dólares a quien fuera capaz de proporcionar la copia original de la demanda de inscripción universitaria de Obama. En pocos meses se había consolidado, de este modo, como el oponente más radical y políticamente incorrecto del presidente.

Mucho antes del anuncio oficial de su candidatura, los componentes esenciales de lo que se transformaría en el trumpismo ya estaban presentes en este acto inaugural. En primer lugar, encontramos la llamada de lo salvaje[3] dirigida

---

3. N. del T.: alusión al título de la novela de Jack London, «*The Call of the Wild*», «*L'Appel de la forêt*» en francés.

a la base tradicional de electores, blanca, impregnada de prejuicios y racismo, y que había vivido la elección de Obama como una aberración. Al cuestionar los orígenes del presidente bajo el velo sutil de la discusión administrativa, Trump contestaba en realidad la cuestión de la legitimidad de un negro para ocupar la Casa Blanca. Y, al mismo tiempo, hacía un guiño al electorado blanco, rural y suburbano, que por primera vez se sentía marginalizado en el sistema político estadounidense.

El segundo elemento de la polémica sobre el certificado de nacimiento es la teoría de la conspiración: detrás de la elección de Obama, se concentraría una vasta conspiración de poderes más o menos ocultos y élites globales capaces de falsificar la realidad para lograr sus propios objetivos contra los intereses del buen pueblo estadounidense.

Finalmente, las noticias falsas constituyeron desde el principio el tercer ingrediente. El supuesto nacimiento de Obama fuera de los Estados Unidos es, por supuesto, una falacia. El propio Trump lo admitió sin problemas unos años más tarde. Pero el hecho de que la trayectoria política de Donald se basara, desde el principio, en noticias falsas, no constituía de ninguna manera su punto débil. Por el contrario, y sorprendentemente, este sería uno de los mayores activos de su candidatura.

Cuando Trump lanzó su campaña de difamación en torno al certificado de nacimiento de Obama, nadie se imaginaba que tal iniciativa podía ser una plataforma de lanzamiento para acceder a la Casa Blanca. Nos encontrábamos en los Estados Unidos del siglo XXI, donde los blancos se convertirían en minoría a partir de 2040 y donde la cultura dominante había sido durante un largo período la de la meritocracia y la corrección política[4] en las grandes universidades, la de Hollywood y Silicon Valley. En un mundo semejante, The Donald era, a lo sumo, un folclórico hombre de cromañón, una especie de superviviente de la década de 1980.

Pero, al margen de la política estadounidense, desde hacía algún tiempo acechaba un personaje con la sensibilidad y la experiencia necesarias como para olfatear antes que nadie las otras corrientes que mostraban su inquietud bajo el aparente consenso de la Nueva América, sobre todo en el mundo digital. Es cierto que un episodio aparentemente secundario en el currículo de Steve Bannon tendría un impacto decisivo sobre su visión de las cosas.

En 2005, Bannon dejaba Hollywood para irse a Hong Kong. Allí, participó en el lanzamiento de una empresa, Internet Gaming Entertainment, con un modelo de negocio bastante curioso. Esta empresa se servía de la popularidad de un videojuego, *World of Warcraft* (con millones de entusiastas en todo el mundo), para emplear a miles de jóvenes chinos que jugaban todo el día con el fin de acumular trofeos virtuales —armas y oro— reservados a los jugadores más expertos. Estas ganancias virtuales se revendían, a cambio de dinero real, a los perezosos jugadores occidentales que deseaban progresar en el juego sin permanecer en él todo el tiempo.

Un problema emergió, sin embargo: el modelo de negocio enfureció a los jugadores[5] reales, muchos de los cuales habían

4. N. del T.: el autor opta por la expresión inglesa «*politically correct*», uno de los escenarios de la batalla cultural entre extremos polarizados que tiene lugar en Estados Unidos en los últimos años.

5. N. del T.: el autor opta por «*gamers*».

hecho del juego su propósito vital. Para ellos, comprar trofeos en lugar de ganarlos era sinónimo de hacer trampa y violar los principios de honor que regulaban la vida de los guerreros digitales. Comenzaba así una violenta campaña virtual en la que los jugadores desinhibidos obligarían a la compañía propietaria de *World of Warcraft* a suspender las cuentas de los usuarios que utilizaban el atajo de Internet Gaming Entertainment.

Para Bannon, este fiasco total representó una oportunidad para descubrir una realidad que ni siquiera sabía que existiera. Había millones de jóvenes en línea, sobre todo hombres, inmersos en una realidad paralela a la que se sentían ferozmente unidos y por la defensa de la cual estaban dispuestos a movilizar una potencia de fuego descomunal, capaz de derribar empresas y de doblegar a colosos mundiales. Por supuesto, era un mundo anárquico, conformado por comunidades difíciles de controlar e impregnado de una cultura a menudo misógina e hiperviolenta, al menos en su dimensión virtual. Sin embargo, es en ese ámbito donde se había transferido una gran parte de la energía que siempre ha hecho de los jóvenes el pilar de las revueltas y las revoluciones. Mucha gente creía que esta energía se había disipado. En realidad, todavía estaba ahí. Simplemente, uno debía saber cómo interceptarla y darle a continuación una orientación política.

A partir de ese momento, Bannon empezaría a prestar especial atención a las comunidades digitales. No a las comunidades biempensantes y políticamente correctas, que habían sustentado el éxito de la candidatura de Obama en 2008 y, a continuación, habían sido aplaudidas como el motor global del cambio con motivo de la primavera árabe de 2011, sino a otras menos visibles y presentables, que se agitaban por debajo del radar de los políticos y medios tradicionales. Plataformas como 4chan, 8chan o los subgrupos de Reddit, que atraían a millones de usuarios a través de acaloradas controversias contra el poder establecido de los medios de comunicación, los políticos y los nuevos dogmas de lo políticamente correcto. Se trataba de los microcosmos para los que ningún argumento era tabú: la única regla era la transgresión para atraer la atención y escandalizar a los bienhechores con comentarios escandalosos, misóginos, racistas o antisemitas.

Mientras tanto, Bannon, superviviente de su aventura en el mundo de los jugadores en línea, regresaba a Estados Unidos y se aliaba con uno de los personajes más intrigantes de la nueva derecha estadounidense. Andrew Breitbart era periodista y escritor, hijo adoptivo de una pareja judía de clase media de Los Ángeles. Criado en un ambiente progresista, Breitbart había tenido su revelación política en 1991 a raíz de un escándalo vinculado al juez negro Clarence Thomas, un conservador antiabortista preseleccionado por George Bush para servir en la Corte Suprema, salpicado de acusaciones de agresión sexual a su excolaboradora Anita Hill. «*Yo seguía la investigación parlamentaria desde mi posición de buen liberal*[6] *por defecto que deseaba la defenestración de Clarence Thomas* —explicaría más tarde—*, porque los presentadores mediáticos de los noticieros habían dicho que Clarence Thomas era el villano y Anita Hill la buena chica. La Organización Nacional para las Mujeres también había retratado a Clarence Thomas como el villano y a Anita Hill como una buena chica, así que yo me posicioné de manera similar.*

6. N. del T.: «liberal» equivale, en el contexto estadounidense, a lo que la Europa continental asocia con el progresismo.

Me plantaba frente a la televisión y veía las comparecencias del Senado, a la espera de las pruebas que darían razón a la acusación, porque en el fondo se trataba de un juicio. Al final de la semana, pensé: ¿Cuándo aportarán la evidencia?».

«*Creía en Anita, queda claro. Digamos que ella decía la verdad. ¿Y qué? Si en seis años de carrera, yendo de un trabajo a otro con aumentos salariales constantes, lo peor que le ha ocurrido es haber visto un bello púbico sobre una lata de Coca-Cola, y la única manera que ha encontrado de gestionarlo es una audiencia pública frente al Senado, ¿adónde hemos llegado? Fue el momento en que abrí los ojos, entendí que algo andaba mal. No comprendía cómo la NAACP (Asociación Nacional para la Promoción de la Gente de Color) podía permanecer tan campante mientras que a esos blancos privilegiados, como Ted Kennedy —Ted Kennedy, ¡el mismísimo Ted Kennedy!—, les importaba un bledo el comportamiento de un hombre hacia las mujeres. Es algo que me disgustó*».

A partir de ese momento, Breitbart empezó a pensar que el poder establecido estadounidense estaba imbuido de una cultura progresista hipócrita y elitista, que dictaba los términos del discurso público y perseguía sin piedad a todos aquellos que no se amoldaban a sus dogmas de corrección política. En su libro manifiesto de 2011, *Righteous Indignation*, Breitbart reconstruía la compleja génesis de la hegemonía cultural de la izquierda estadounidense. Según él, todo había comenzado con los teóricos de la Escuela de Fráncfort, exiliados en Estados Unidos para huir de la persecución nazi. Estos filósofos, como Adorno, Horkheimer o Marcuse, abiertamente marxistas, habrían tenido desde el principio el objetivo de socavar los fundamentos de la sociedad de consumo estadounidense a través de su Teoría Crítica, destinada a resaltar la naturaleza alienante del capitalismo. En poco tiempo, sus ideas se habían extendido por las universidades estadounidenses, donde servirían de base de la protesta estudiantil en la década de 1960, para luego inmiscuirse, a medida que los antiguos estudiantes hacían carrera, en las salas de redacción de periódicos, en Hollywood y en la cúspide del poder político.

Así habría nacido lo que Breitbart definió como *Democrat Media Complex*[7], una maquinaria inexorable que establecía los límites de lo justo y lo injusto, de lo que podía o no decirse, persecutora feroz de todos los heréticos y los iconoclastas (sobre todo los de la derecha). Combatir esta maquinaria en su propio terreno, a través de los medios tradicionales y la industria del entretenimiento, era una batalla perdida de antemano: en ese mundillo, el pensamiento único progresista se había enraizado hasta convertirse en una segunda naturaleza para los involucrados.

En cambio, Internet era todavía territorio virgen. Una frontera inexplorada y salvaje, en la que la hegemonía de lo *políticamente correcto*[8] aún no había tenido tiempo de arraigarse. Así que sería ahí donde Breitbart decidiría abrir hostilidades: «*Estoy en pie de guerra contra el* Democrat Media Complex[9] —declaró en una ocasión—. *Ellos lo saben. Lo sé. Es una guerra abierta, quiero derribar la Estrella de la Muerte*».

Desde el principio, Breitbart se involucró de manera decisiva. En 1995, ayudó a Matt Drudge a lanzar su sitio web, el *Drudge Report*, que pronto revelaría al mundo la relación entre Bill Clinton y Monica Lewinsky.

---

7. N. del T.: en inglés en el original. Aparato Mediático Demócrata.
8. N. del T.: argumento recurrente de los movimientos populistas en la actualidad, en concreto los que se autodenominan «derecha alternativa» y sus intelectuales de cabecera.
9. N. del T.: en inglés en el original. Complejo Mediático Demócrata.

Unos años más tarde, él y Arianna Huffington participaron en el lanzamiento del *Huffington Post*. Gracias a estas experiencias, Breitbart se familiarizó con las técnicas básicas de una guerra de guerrillas virtual: cómo encontrar información y captar la atención en un entorno altamente competitivo; cómo enfrentar a los medios entre sí a partir de sus propias polémicas; o cómo multiplicar los clics y acciones para lograr una auténtica corriente de opinión.

En 2005, Breitbart lanzó *Breitbart News*, un sitio web que nacía con el objetivo de convertirse en el *Huffington Post* de la derecha. Desde el principio, su empuje no radicó tanto en la habilidad para obtener noticias en primicia como en su capacidad para integrarlas en una narrativa coherente. Por supuesto, una exclusiva de vez en cuando podía ser útil. Pero esta servía a la causa solo si se convertía en una faceta de la guerra contra la hegemonía progresista. Recuperar la cultura era la obsesión de Breitbart. Era la razón por la que había situado los acontecimientos del momento, en particular los problemas de la inmigración, el terrorismo y la crisis de los valores tradicionales, en el esquema más amplio de una gran batalla contra el poder establecido, que incluía tanto a demócratas como a republicanos moderados, esclavizados por la opinión[10] del pensamiento único.

Fue durante este período que su relación con Bannon se hizo más estrecha: los dos hombres compartían claramente la misma visión del mundo. De manera que Bannon aceptó comandar la redacción de *Breitbart* en sus oficinas de Los Ángeles y, en 2011, le presentó a Robert Mercer, un millonario interesado en financiar la compañía con un monto de diez millones de dólares.

10. N. del T.: el texto original usa el término filosófico griego «doxa» (opinión).

Cabe mencionar que el sitio se encontraba en plena ascensión. Provocó escándalos, como cuando reveló el exhibicionismo del congresista Anthony Weiner, un joven protegido de los Clinton, y ganó estatura como lugar de referencia de la derecha radical estadounidense. Sin embargo, la asociación entre Breitbart y Bannon terminó trágicamente el 1 de marzo de 2012, cuando el primero moría de un paro cardíaco.

En solitario, Bannon se vio obligado a tomar las riendas de *Breitbart News*. Lo asumió con la energía habitual. «*Los hechos generan clics; las opiniones generan indiferencia*». Bannon era un ideólogo tan convencido por sus ideas que a veces rozaba el fanatismo; no obstante, sabía que los viejos argumentos no serían suficientes para ganar la batalla cultural contra el poder establecido.

Era el caso del matrimonio Clinton, el dúo de poder perdurable que había mandado en Washington durante veinte años y representaba la bestia negra de la derecha estadounidense. Para derribar a la pareja —lo cual era indispensable, pues Hillary se encontraba en cabeza para suceder a Obama—, no había que dejarse llevar por el rencor. Durante veinte años, los enemigos de los Clinton se habían dedicado a fabricar las especulaciones más inverosímiles, acusándolos de todo tipo de fechorías, con el único resultado de desacreditarse a sí mismos, sin apenas dañar la imagen de la pareja demócrata. A partir de ese momento —pensó Bannon—, había que salir del nicho ombliguista de los rencorosos profesionales (a los que ya nadie hacía caso) y ganarse al grueso de la opinión pública. Y la única manera de hacerlo era atraer a más sensibilidades. Construir meticulosamente un corpus de documentación, basado en hechos reales, para desacreditar a los Clinton a ojos de sus propios partidarios, empezando por los medios de comunicación vinculados al poder establecido.

He aquí la razón por la que Bannon fundaría su propio laboratorio de ideas[11], el Government Accountability Institute[12], dirigido por Peter Schweizer. Con el apoyo de Bannon, Schweizer dedicó meses a acumular información sobre la Clinton Global Initiative, la fundación de Bill que recaudaba cientos de millones de dólares al año a través de fondos de todo el mundo. Esta organización constituía la base material del poder de la pareja, pero también la plataforma de lanzamiento de la candidatura presidencial de Hillary en 2016. Al hablar con las gargantas profundas del círculo clintoniano y recorrer hasta los lugares más recónditos de la Internet profunda[13], Schweizer reconstruiría algunos de los pasajes más turbios de las actividades de la fundación CGI. La vez que, por ejemplo, el magnate minero canadiense Frank Giustra había donado millones a la fundación y luego, en su avión privado, había llevado a Bill Clinton a cenar con el dictador kazajo Nazarbayev para obtener así una concesión para la explotación de los yacimientos de uranio del país. O la ocasión en que otro generoso inversor de la fundación había obtenido, a cambio de su altruismo, la concesión de la red móvil de Haití, donde Bill coordinaba los esfuerzos de reconstrucción después del terremoto. Por no hablar de las docenas de multimillonarios de dudosa reputación que financiaban la fundación, o los fondos que Bill recaudaba en todo el mundo para eventos

11. N. del T.: el autor opta por «*think tank*» en inglés.

12. N. del T.: Instituto de Responsabilidad Gubernamental.

13. N. del T.: el autor opta por «*Deep Web*» en inglés.

públicos organizados en apoyo de algunas de las peores dictaduras del planeta.

Los frutos de esta meticulosa investigación serían compilados en un libro, *Clinton Cash* (‘*El dinero de los Clinton*’), que se convertiría en una de las principales requisitorias contra Hillary, un material combustible destinado a avivar en un primer momento el reto lanzado por Bernie Sanders desde la izquierda y, más tarde, una segunda ronda con el desafío de Donald Trump.

En lugar de publicar el libro bajo el auspicio de *Breitbart*, que lo habría condenado a permanecer confinado en el aparato mediático de la derecha, Bannon concedió la exclusividad a los vilipendiados portavoces del poder establecido, empezando por el más relevante de entre ellos, *The New York Times*. Desde el inicio, las revelaciones contenidas en *Clinton Cash* tendrían un gran impacto en el conjunto de la opinión pública. Los clintonianos trataron de desacreditar el libro, como ya lo habían intentado en otros tantos casos, pero sin éxito: los hechos descritos por Schweizer estaban meticulosamente documentados.

Llegados a este punto, los medios de comunicación convencionales no tenían otra que seguir el señuelo trazado por Bannon. Este último se mostraba exultante: «*¡Tenemos a los 15 mejores reporteros de investigación de los 15 mejores periódicos del país siguiendo la pista a Hillary Clinton!*». En efecto, tendría a continuación todo el tiempo requerido para desarrollar este filón en *Breitbart* y transformar cada acusación contra Hillary en una actividad destinada a generar millones de clics.

Porque, más allá de su apariencia de respetabilidad, Bannon había aprendido esto de su breve periplo por el mundo de los videojuegos. Era consciente de que, bajo la superficie de Internet, se agitaban corrientes imperceptibles pero muy poderosas, alimentadas por la frustración de millones de individuos que se sentían en los márgenes de la sociedad, así como por esta «ira innata y sorda» de Estados Unidos, sobre la cual había hablado ya Philip Roth en *Pastoral americana*. Y tenía la convicción de que, finalmente, había encontrado el cebo adecuado para interceptarla.

A principios de 2013, este señuelo se materializó de manera inesperada en la figura de Zoe Quinn, la autora de un videojuego inhabitual. Este juego, *Depression Quest*, era una especie de inmersión virtual en el mundo de la depresión, que Quinn conocía por experiencia. El objetivo era demostrar que los videojuegos no tenían por qué limitarse a aventuras de soldados, ninjas y guerreros medievales, y las mujeres podían aportar una valiosa contribución.

Los «*gamers*» o jugones[14], los aficionados a los videojuegos más entusiastas, no se lo tomaron demasiado bien. Para ellos, los videojuegos se circunscribían a aventuras salvajemente violentas, reservadas principalmente al público masculino, y debían permanecer como tales. Quinn empezó por entonces a ser objeto de ataques en la red, que se transformaron en huracán cuando su novio escribió un mensaje en el que afirmaba que esta había recibido buenas críticas por *Depression Quest* gracias a una relación con un periodista. Así empezaba la deriva radical de los jugones que, por cientos de miles, orquestaron una auténtica campaña de acoso y derribo contra Zoe Quinn, con amenazas de muerte inclusive. «*La próxima vez que acudas a una conferencia, padecerás lesiones cerebrales*

14. N. del T.: el autor opta por un anglicismo generalizado en este entorno, «*gamer*».

—escribía uno de ellos—. *Sufrirás secuelas permanentes, pero no lo suficientemente graves como para dejar de tenernos miedo durante lo que te quede de vida*». El actor Adam Baldwin creó incluso la etiqueta[15] #gamergate en Twitter para coordinar los ataques. Los troles acabarían averiguando el domicilio de Quinn y otra información personal sensible, que no dudaron en compartir en las redes, hasta el punto de obligarla a abandonar su casa. Todos aquellos que osaban defender a Quinn se convertían, a su vez, en blanco de injurias y ataques violentos. Entre septiembre y octubre de 2014, se crearon solo en Twitter más de dos millones de mensajes que contenían la etiqueta #gamergate.

La polémica había dejado de ser una controversia para transformarse en una guerra. Y el objeto de desafío había traspasado con creces este caso específico. El problema de fondo era: ¿Quién es dueño del mundo dc los videojuegos? ¿Todos los que, ya fueran hombres o mujeres, quisieran participar y acabaran aportando sus ideas y pasión? ¿O más bien el núcleo duro de jugones, apenas unos millones de jóvenes unidos en torno a una subcultura misógina y violenta, alimentada con años de uso de Internet e intercambios en plataformas como 4chan, 8chan y Reddit?

La guerra podría haberse circunscrito al mundo de los videojuegos. Este habría sido el caso, de no ser por Steve Bannon que, fiel a su carácter, recorrió los rescoldos del fenómeno con una caja de cerillas en la mano. A su juicio, Gamergate se presentaba como la oportunidad idónea para enrolar al fin a los jugones en su batalla contra los poderes político y mediático establecidos.

15. N. del T.: «*hashtag*» en el texto original.

Así fue cómo tuvo su oportunidad de entrar en escena Milo Yiannopoulos, con diferencia la figura más colorida de la galería de los ingenieros del caos. Varón inglés en la treintena, homosexual, chico atractivo y monstruosamente seguro de sí mismo, Milo (como él mismo se refería a sí mismo) era el cofundador de una revista en línea dedicada a las nuevas tecnologías, *The Kernel*, que se había hecho un hueco gracias a su irreverente tono editorial. Sus admiradores lo definían como «*el cruce entre un pitbull y Oscar Wilde*», mientras que, a ojos de sus detractores, no era más que un Narciso cínico, dispuesto a todo para llamar la atención y complacer a sus fanáticos.

Sea como fuere, Yiannopoulos había comprendido que Gamergate era un gran movimiento sin rostro y decidió convertirse en esa cara visible. Se dedicó a explicar allá donde lo recibieran que, en esta historia, las auténticas víctimas no eran Quinn y los otros desarrolladores y periodistas involucrados —la mayoría mujeres— que sin embargo habían sido blanco de miles de insultos y amenazas. No, las auténticas víctimas eran los propios troles, esos guerreros contemporáneos que luchaban contra la censura progresista en nombre de la libertad de expresión, la cual debía ser absoluta, según Milo. «*Hay un ejército de programadoras y activistas femeninas psicópatas* —escribía—, *protegidas por blogueros políticamente correctos que buscan la capitulación de la cultura de los videojuegos*». Era normal que, frente a semejante ofensiva, los jugadores trataran de defenderse.

No era de extrañar que un posicionamiento como el descrito llamara la atención a Bannon. Al fin se presentaba el vínculo indispensable entre su guerra contra el poder establecido y las masas desencantadas de troles y jugones.

Dicho y hecho: Bannon convocaba inmediatamente a Milo a su oficina en Washington.

«*Cuando lo conocí* —evocaría posteriormente—, *vi a un personaje capaz de establecer conexiones culturales al estilo de Andrew Breitbart. Tenía las agallas, el cerebro, el carisma: hay algo especial en tipos así. Simplemente ruedan a más revoluciones. La diferencia es que Andrew poseía un universo moral muy sólido, mientras que Milo es un nihilista inmoral. Desde el primer momento, supe que sería un jodido meteorito*».

A la espera de que el meteorito confirmara su trayectoria, Bannon se mostró firmemente decidido a capturar su energía. Fue así como asignó a Milo la dirección de una nueva sección del sitio, «Breitbart Tech», con una misión específica: «*Tienes que movilizar a este ejército. Los podemos atraer con el señuelo de Gamergate u otra cosa, y luego los convertimos a la política de Trump*».

A Milo, no fue necesario decírselo dos veces. «*Nuestros lectores están cansados de que los etiqueten como troles, acosadores o misóginos por el mero hecho de no ajustarse a las opiniones de los periodistas* —proclamaba el vídeo de lanzamiento de Breitbart Tech—. *Queremos defender a los usuarios de 4chan que quieren permanecer en el anonimato, así como a quienes luchan en Reddit contra la invasión de los moderadores. Defenderemos a los jugones contra todos aquellos que sean lo suficientemente estúpidos como para atacarlos*».

Tanto para Milo como para Bannon, la batalla de los jugones se integraba en un contexto más amplio: las libertades fundamentales, empezando por la libertad de expresión, estaban siendo amenazadas por la ortodoxia progresista. Por lo tanto, «*los disidentes anónimos de hoy*» serían como los autores de los *Federalist Papers*, los fundadores de la democracia estadounidense, Alexander

Hamilton y James Madison, quienes al principio también habían escrito bajo pseudónimo.

Para evitar cualquier malentendido, el sitio publicaba una entrevista exclusiva a Donald Trump el mismo día del lanzamiento de Breitbart Tech. «*A excepción de Hillary Clinton, gracias al escándalo de su cuenta de correo electrónico* —anunciaba con ironía el destacado de la pieza—, *pocos candidatos a la presidencia se han pronunciado sobre cuestiones tecnológicas durante esta campaña. Hoy enmendamos esta escasez con la entrevista, concedida en exclusiva, de Donald Trump sobre piratería, ciberguerra e inteligencia artificial*».

El mensaje enviado por *Breitbart* a los jugones de videojuegos y a otras subculturas del mundo cibernético era claro: vuestro mundo está en peligro, la poderosa maquinaria de corrección política y los censores demócratas quieren desproveeros de todo lo que os importa verdaderamente, de la libertad al anonimato: es decir, la esencia de lo que hasta ahora ha definido la cibercultura. La única manera de salvaros consiste en involucrarse en la política. Acompañadnos a nosotros y a Trump en la lucha contra el poder establecido, los medios de comunicación y la política tradicional, para defender así vuestros derechos y vuestra identidad.

De este modo, el soberanismo clásico se aliaba con una forma más contemporánea de soberanismo digital. «Llevar los pantalones en su propia casa» no valía solo para la frontera con México o para la entrada de musulmanes en el país. La máxima también se aplicaba al ciberespacio, que debía permanecer tal y como estaba, sin interferencias.

Los troles habían sido efusivamente invitados a entrar en guerra. Y, al mismo tiempo, Milo se proyectaba mucho más allá de los límites de los foros tecnológicos, para convertirse en una figura pública de pleno derecho.

Con todo, el patrón era bastante simple. Yiannopoulos era un homosexual que aseguraba no trabajar nunca con otros homosexuales porque «*toman demasiadas drogas, practican demasiado sexo, nunca se presentan a trabajar y siempre ponen excusas. Casi peor que las mujeres*». Asimismo, veía a las lesbianas como meras fanfarronas, mujeres en busca de afecto que deberían calmarse, porque «*la homosexualidad femenina no existe genéticamente*». Yiannopoulos tenía una madre judía y un marido afroamericano, pero coqueteaba peligrosamente con los movimientos supremacistas y neonazis estadounidenses. Un vídeo lo mostraba entonando *America the Beautiful*[16] en un bar ante la aclamación de una audiencia que hacía el saludo nazi. Técnicamente, Yiannopoulos era un inmigrante[17], pero se mostraba totalmente a favor de erigir el muro con México y desterrar a los musulmanes. En la práctica, Milo se regocijaba al injuriar los convencionalismos de la izquierda identitaria estadounidense: «*Soy un inmigrante judío y gay que solo se acuesta con hombres negros y que es, en realidad, muy de derechas. ¡Eso los vuelve locos!*».

Cabe añadir que Yiannopoulos es un trol, capaz de hacerse expulsar de Twitter a raíz de una campaña de invectivas contra la actriz protagonista de *Ghostbusters*. Según Milo, la izquierda hacía de censora del humorismo porque no lograba controlarlo, pero en realidad pretendía erigirse en juez de la sensibilidad de la gente, con su habitual complejo de superioridad. Incluso si eran crueles, sus palabras no habían lastimado nunca a nadie, afirmó Yiannopoulos, que pretendía hacerse pasar por un defensor

16. N. del T.: canción patriotera estadounidense.
17. Yiannopoulos es británico.

a ultranza de la libertad de expresión: «*Es lo único importante para mí* —afirmaba—. *Porque los límites de lo que se considera un discurso aceptable en los Estados Unidos se han estrechado demasiado*».

Para Milo, el troleo era «*una forma de periodismo hecha por alguien que no está sentado en una redacción*» y los troles eran «*las únicas personas que todavía dicen la verdad, como los bufones de la Edad Media*»; quienes, tras la superficie de la pantalla, revelaban la desnudez del poder.

El propio Trump era un trol. La controversia sobre el certificado de nacimiento era sin duda una forma de troleo y toda su campaña electoral seguía la misma línea. En junio de 2015, irrumpía en la carrera por la Casa Blanca con dos maniobras que habrían puesto fin a cualquier candidatura convencional. Primero, formalizó su participación en las primarias republicanas con un discurso, al parecer improvisado, sobre los inmigrantes mexicanos, a quienes definió como «violadores», entre otras lindezas. Unos días más tarde, le llegaba el turno al senador republicano John McCain, una verdadera institución de la política estadounidense, respetado en todo el espectro constitucional. «*No es un héroe de guerra* —declaró Trump—. *Porque fue apresado. Yo prefiero a la gente que no se deja capturar*».

Pasaba aún con los mexicanos, pero ¿un candidato republicano que trolea a McCain y a los veteranos de guerra? Era lo nunca visto en los rangos del Grand Old Party. La indignación fue inmediata y muy violenta. El líder del partido lo desautorizó inmediatamente: «*No hay un lugar en nuestro partido ni en nuestro país para comentarios que ofendan a quienes lo han servido con honor*». Trump entraba en la lista negra de toda la clase política estadounidense: indigno, miserable, repelente. En las redacciones, los periodistas se mostraban exultantes. Matt Taibbi, de *Rolling Stone*, escribía: «*Esperábamos que Donald Trump adoptara la postura clásica y empezara el ritual expiatorio propio de las personalidades que han hecho un paso en falso, empezando a entonar el* mea culpa».

Por el contrario, fue en ese momento cuando Trump haría algo inaudito. En lugar de disculparse, afirmó sin mover un músculo que nunca había dicho que McCain no fuera un héroe. «*Considero un héroe a quien es hecho prisionero*» —declaraba—. ¡¿A qué se refería?! ¡Si había dicho lo contrario! ¡Ahí estaba el vídeo para probarlo! Los periodistas entraban en pánico: ¿Cómo era posible que un candidato a la Casa Blanca negara lo obvio?

Y, sin embargo, así se presentaban las cosas. Trump superaba el incidente de McCain con la informalidad de un *golden retriever* y continuaba ganando apoyo. A partir de ese momento, se sucedería una retahíla de meteduras de pata aparentes y mentiras probadas que lo llevarían triunfalmente a las elecciones de noviembre de 2016. Después del episodio de los veteranos, llegarían los insultos sexistas contra una periodista de televisión («*tiene sangre que le sale de por ahí*» —espetaba el candidato—); la imitación de un reportero discapacitado que lo había criticado; los apodos infantiles de los que se servía para los otros candidatos republicanos (así, Marco Rubio se había convertido en «Little Marco» y Ted Cruz en «Ted, el mentiroso»). Hacer campaña contra Trump implicaba ser teletransportado al patio de una escuela, donde el matón de la clase es medio analfabeto, pero también —vaya usted a saber por qué— realmente eficaz a la hora de ridiculizar a la maestra y a los empollones cuatro ojos.

Los expertos se mostraban desconcertados, pero el público disfrutaba (por no hablar de los jugones...) y recompensaba a su favorito con audiencias cada vez más elevadas, lo que le permitió hacer campaña con una fracción del dinero que el resto utilizó para promover sus respectivas candidaturas.

El megáfono de Trump era la propia incredulidad e indignación de los medios tradicionales, los cuales caían una vez y otra en sus provocaciones. Estos le hacían publicidad y, sobre todo, otorgaban credibilidad a su reivindicación —aparentemente ridícula para un multimillonario de Nueva York— de ser el candidato contra el poder establecido[18].

Sin los gritos diarios y la indignación de los comentaristas políticos, los expertos[19] de Washington y los intelectuales encorsetados, habría sido difícil para Trump postularse a sí mismo como abanderado de la ira de la izquierda contra el sistema. De esta manera, al contrario, todo se hacía más plausible. Los telespectadores de la América profunda no tenían más que observar la reacción escandalizada de las élites urbanas ante la candidatura de The Donald[20] para convencerse de que, en realidad, el personaje podía abanderar su descontento contra Washington.

La campaña de Hillary emplearía a más de mil personas, mientras que la de Trump sería diez veces menor. En realidad, a este último le bastaría con aparecer en escena para atraer la

18. N. del T.: el autor opta por la expresión en inglés «*anti-establishment*», popularizada en la red.

19. N. del T.: «*insiders*» en el texto original.

20. N. del T.: apodo popular de Donald Trump, que precede la caracterización pública de un personaje ya controvertido e icónico de la cultura popular estadounidense mucho antes de la campaña, cuya equivalencia en España podría hallarse en el Jesús Gil y Gil de la fallida aventura política a escala española.

atención de los medios y el público, mientras los «estrategas»[21] de Hillary hacían saber que «*nos estamos esforzando para que parezca más espontánea en sus apariciones*».

El auténtico mérito de Trump consistía, en el fondo, en haber comprendido que la campaña electoral se jugaba en un formato de televisión basura, producido por diletantes y con un protagonismo a cargo de figuras tristes y sin vida, que probablemente no habrían superado la audición para participar en la *Rueda de la fortuna*, y todavía menos la prueba de admisión a un programa de telerrealidad seguido por millones de fanes de Kim Kardashian y Justin Bieber.

Sería en este panorama desolador, dominado por directores y actores de segunda —el Clinton mediocre, el Bush mediocre y algunas apariciones improvisadas de personajes allí llegados con el entusiasmo de quienes hacen cola en la oficina de correos pensando que «de todos modos, tarde o temprano llegará mi turno»—, donde Trump irrumpiría como Clint Eastwood en un western.

«*He trabajado en el mundo de la telerrealidad desde hace diez años* —declaraba un productor a *The New York Times*— *y puedo aseguraros que Donald es exactamente el perfil que buscamos en nuestras audiciones. No es complejo y es auténtico. Uno puede comprender su personalidad oyéndolo hablar durante quince segundos. Su signo distintivo es la autopromoción. Sus edificios son altos y dorados, con el letrero* TRUMP *inscrito en mayúsculas [...]. Durante las campañas políticas, existen los conflictos, pero son demasiado sutiles para el público en general. Trump ha resuelto el problema. Sus insultos personales se han convertido en su sello distintivo. Incluso cuando afirma contenerse, como cuando declaró, a*

21. N. del T.: énfasis del autor.

propósito del senador Rand Paul, que "Nunca lo he atacado acerca de su físico, aunque, créanme, hay material de sobra"».

En los Estados Unidos de 2016, los criterios de evaluación de los políticos se habían convertido en los mismos utilizados para definir a otras celebridades: en primer lugar, la capacidad de atraer la atención —y, en este punto, Trump era un maestro—; y segundo, la capacidad para identificarse con la personalidad en cuestión —«*¿en qué medida puedo identificarme con él?*»—.

La autenticidad de los participantes era en la obsesión de los programas de telerrealidad, y sería este mismo rasgo el que, como por casualidad, se convertiría en principal inquietud de los votantes con respecto a quienes debían tomar parte en el *reality show*[22] de la política.

Bajo este perfil, la pose de Trump revelaba por supuesto un componente de puesta en escena, pero también contenía un elemento real de espontaneidad. Mucho antes de ser candidato, un inversor extranjero le había preguntado el significado de «*white trash*»[23], el epíteto peyorativo a través del cual algunos esnobs se refieren a los blancos pobres del Medio Oeste, percibidos como incultos y generalmente obesos, permanentemente enganchados a la televisión. «*Son personas como yo* —respondía—*, con la salvedad de que son pobres*».

Por medio de la crudeza de su lenguaje soez y sus provocaciones, a través de sus discursos improvisados y tuits, a través de sus chistes insultantes y su fanfarroneo ingenuo,

22. N. del T.: en inglés en el original.

23. N. del T.: literalmente «basura blanca», apelación despectiva de la clase baja blanca, a menudo rural y conservadora, según los estudios demográficos, de Estados Unidos.

Trump expresaba una autenticidad que lo diferenciaba de los políticos profesionales, sobre los cuales todo parecía resbalar con la misma indiferencia inalterable. Donald estaba un poco desquiciado, pero era una personalidad real, y no el ensamblaje artificial fruto de los consejos de expertos en relaciones públicas. Decía las cosas tal y como eran[24]. No tenía tiempo para la corrección política ya que eso —decía— era lo que ocurría en Estados Unidos, donde se perdía demasiado tiempo en debates sobre aseos públicos transgénero y los huertos orgánicos mientras las fábricas cerraban y los empleos se trasladaban a México y al Extremo Oriente. El estilo agresivo de Trump transmitía una sensación de fuerza. Asimismo, si desafiaba las convenciones sin arrugarse, quizá mostrara las mismas agallas a la hora de cambiar las cosas.

No sorprende que esta actitud contara con el apoyo de Milo y de la vasta comunidad dc los jugones más radicales. Trump seguiría consolidando esta alianza a lo largo de la campaña, al tuitear con regularidad mensajes que procedían de los flancos más extremos de la blogosfera.

A cambio, los jugadores de videojuegos radicalizados y blogueros de la derecha alternativa ofrecerían al candidato republicano varios servicios esenciales. En primer lugar, crearían eslóganes y campañas virtuales. Lograrían romper, de este modo, muchos tabúes, además de lograr que opiniones juzgadas extremas con antelación impregnaran el debate público, en parte gracias a la fuerza

24. N. del T.: durante la precampaña y campaña electoral a las presidenciales de Estados Unidos en 2016, la expresión «*He tells it like it is*» («Dice las cosas tal como son») se extendió como la pólvora en las redes sociales.

de las redes sociales, pero también gracias a los reflejos condicionados de los medios tradicionales, los cuales caían una y otra vez con la misma piedra —al revivir, indignados, cualquier tipo de provocación—. El modelo Milo concordaba con el modelo Trump. Ninguno de los dos habría sido capaz de funcionar sin los gritos de indignación del poder establecido que, por un lado, propagaba los argumentos de la nueva derecha y, por otro, confirmaba que estas ideas eran en realidad antisistema. Al igual que el cardenal Mazarin, que tenía por lema «*ex inimici salus mea*»[25], el vigor de Donald Trump procedía ante todo de sus enemigos. Un multimillonario podría haber perdido toda credibilidad ante los ojos de la gente de a pie, pero la violenta hostilidad del poder establecido y de los periodistas en su contra añadía galones a ojos del electorado popular.

La contribución de las tropas digitales de Bannon y Milo no se limitó a este aspecto. Al invertir fuertemente en sitios de noticias y redes sociales, los troles de la derecha alternativa crearían un clima de intimidación en Internet. En la práctica, cualquier analista o periodista que osara posicionarse contra ellos era bombardeado con insultos y amenazas. Así se manifestaba el *squadrismo* en línea, ya practicado durante mucho tiempo por los troles populistas en Italia. Este influía sobre el clima, la atmósfera en la que se llevaba a cabo el debate. O, mejor

25. N. del T.: Jules Mazarin, conocido en España como el cardenal Mazarino, fue un astuto hombre de iglesia y político del siglo XVII al servicio del papa, primero, y más tarde de la monarquía francesa; aparece en la segunda y tercera entregas de la *Trilogía de los mosqueteros* de Alejandro Dumas: *Veinte años después* y *El vizconde de Bragelonne*.

aún, impedía cualquier debate sustantivo. La Liga Antidifamación estimó la distribución de 2,6 millones de tuits antisemitas durante la campaña, la mayoría de los cuales se enviaron a periodistas y personalidades públicas que se habían opuesto a Trump.

Las hordas digitales proporcionarían también servicios más puntuales al candidato republicano. En el primer debate televisado contra Hillary, por ejemplo, se movilizarían para alterar los resultados de las encuestas en línea elaboradas por los principales medios de comunicación. Así fue como, incluso tras haber perdido en las encuestas telefónicas tradicionales, Trump se impondría esa noche en todos los resultados en línea. *Time*, *CNBC*, *Fortune*, *The Hill* y el resto de los medios digitales le darían por vencedor, y el propio candidato se permitía tuitear: «*Es realmente un gran honor. ¡Los sondeos sobre el debate dicen que el MOVIMIENTO gana!*».

En los próximos capítulos, comprobaremos que la campaña de Trump utilizó otras herramientas más sofisticadas en Internet para promover al candidato republicano y desinflar el apoyo a Hillary. Y varias investigaciones en curso en Estados Unidos demostrarían el papel de Rusia en las elecciones. Pero el triunfo inesperado del candidato más improbable de las elecciones presidenciales de 2016 se revelaría, sobre todo, como el fruto de una operación política y cultural que había permanecido oculta durante mucho tiempo, antes de manifestarse a la luz del día.

Ello explica que, durante el primer cara a cara entre los dos candidatos a la Casa Blanca, Hillary Clinton acusara a Trump de vivir en su propia realidad. Steve Bannon no ocultaba su júbilo. Era cierto que Donald tenía «*una concepción narrativa de la verdad*» que le permitía comportarse de un modo más bien creativo con respecto a los acontecimientos reales. Pero la realidad en la que vivía, y que construía día tras día a través de sus espectáculos individuales improvisados y su flujo constante de tuits, coincidía con la de millones de votantes, diseminados a lo largo de la cuarentena de Estados que no desembocaban ni en el Atlántico ni en el Pacífico, y que los votantes privilegiados de ambas costas apelaban con desprecio «*Fly-overs*», «los sobrevolados».

Millones de hombres estadounidenses —blancos, obreros, acostumbrados durante generaciones a considerarse como el nervio de la nación— habían pasado a ser, sin tiempo para asumirlo, una causa de vergüenza para las «clases creativas» multiétnicas, que dominaban la economía desde los cafés de Manhattan y Palo Alto, entre sorbos de capuchinos y de zumos orgánicos.

Hillary y los liberales[26], que hablaban a menudo de noticias falsas y bulos informativos, todavía no habían comprendido el problema. En efecto, existían los filtros cognitivos. Pero la auténtica burbuja, la que nos impedía aprehender adecuadamente la realidad en el otoño de 2016, no era la de Trump, *Breitbart* y la galaxia de sitios conspiracionistas de la derecha alternativa estadounidense. Era la de los demócratas, los liberales y los medios de comunicación de ambos flancos que reiteraban la absoluta imposibilidad de llegar a la Casa Blanca

26. N. del T.: el concepto estadounidense de «liberal», procedente de la semántica del término a inicios de la Ilustración, se asocia a los valores que en la Europa continental se identifican como progresistas.

después de insultar a las minorías, a las mujeres, a los inmigrantes y a los discapacitados, y después de demostrar un nivel de incompetencia sin precedentes.

«*Es un grupo de personas que hablan entre sí y que no tienen la menor idea de lo que está pasando. Si* The New York Times *no existiera,* CNN *y* MSNBC *no sabrían qué hacer. El* Huffington Post *y el resto se basan en* The New York Times. *Es un circuito cerrado, del cual Hillary Clinton obtiene toda su información y su seguridad. Esa es nuestra oportunidad*».

He aquí la corazonada de Bannon: la victoria de Trump era posible porque los principales medios de comunicación ni siquiera podían concebirlo. «*Si dicen que no es posible, eso significa que podemos hacerlo*».

La extraña pareja en Budapest

El 11 de enero de 2015 fue un día inusual. Una ciudad, París, y con ella toda Francia, se despertaba después del horror del ataque a la sede editorial del semanario satírico *Charlie Hebdo*. El presidente François Hollande había invitado a cuarenta jefes de Estado y de Gobierno de todo el mundo a marchar a su lado en la que se convertiría en la mayor manifestación vista en las calles de París desde la liberación de 1944. Dos millones de personas marcharon a lo largo del bulevar que lleva el nombre del autor del *Tratado sobre la tolerancia*[1]. El primer ministro inglés, la canciller alemana, el presidente italiano, todos unidos abrazaban emocionados a su colega francés. Quizá temieran haber sido arrojados, por segunda vez desde el 11 de septiembre de 2001, a una etapa impredecible y violenta que pronto los arrollaría. Pero al menos habían decidido asumirlo juntos y replegarse en torno a los valores de libertad y apertura que habían marcado la construcción europea en sus mejores momentos.

Entre todos los líderes europeos, solo un mandatario decidía mantenerse ligeramente al margen. Y no se trataba de timidez. Al contrario: Viktor Orban se había ganado un nombre durante una manifestación de la primavera de 1989 cuando, a los veintiséis años, desde un púlpito en la plaza de los Héroes de Budapest, había proclamado la sed de libertad de su pueblo y reclamado el repliegue inmediato de las tropas soviéticas del territorio húngaro.

Pero hoy, sin embargo, Orban se negaba a seguir el juego. «El espíritu del 11 de enero» se revelaba como una pantomima para él. Lo que precisamente deseaba era marcar la diferencia. «*La inmigración económica* —declaró al margen de la

1. N. del T.: Obra publicada por François-Marie Arouet, «Voltaire», en 1763.

manifestación— *es algo malo para Europa. No debemos concederle ningún valor, porque lo único que aporta es desorden y peligros para los pueblos europeos [...]. Mientras yo sea primer ministro y mi Gobierno esté en funciones, no permitiremos que Hungría se convierta en un destino de los inmigrantes a partir de planes concebidos por Bruselas. No queremos entre nosotros a ninguna minoría con un patrimonio cultural distinto del nuestro. Queremos que Hungría siga siendo para los húngaros*».

Cuando Orban pronunció estas palabras en París, la inmigración estaba todavía muy lejos de ser una preocupación para los húngaros. Los sondeos mostraban que apenas el 3 % de los electores consideraban el tema una prioridad. Pero, como buen zahorí de la política, el primer ministro intuyó que había dado con un filón de oro. Bastaba con saber cómo explotarlo, y él sabía cómo —y sobre todo con quién— hacerlo.

A primera vista, Arthur Finkelstein era lo exactamente opuesto a Viktor Orban. Mientras el uno era vehemente, el otro era reservado y le obsesionaba la discreción. Un día, la CNN lo había comparado, por cierto, a Keyser Söze, el misterioso villano de *Usual Suspect* con quien nadie ha coincidido: «*Digno de Hollywood: un personaje capaz de abatir al adversario más poderoso, pero tan secreto que muy pocos lo han visto en realidad*». Así, pese a cuarenta años de carrera en las altas esferas, existen muy pocas fotografías y entrevistas de Finkelstein. Se registra bajo alias cuando pernocta en hoteles y la compañía de la que es propietario tampoco lleva su nombre. Mientras Viktor reivindica sus orígenes provincianos con el estilo tosco y varonil de un exfutbolista curtido por la vida a base de patadas en la espinilla, Arthur es un judío gay de Nueva York apasionado de la ópera y la literatura rusa.

Y, sin embargo, incluso cuando todo parecía separarlos, ambos parecían estar hechos para entenderse. Como Orban,

Finkelstein había sido un niño prodigio que había simpatizado desde muy joven con el ala dura del Partido Republicano. Todavía no había cumplido veinte años cuando empezó a trabajar para Barry Goldwater, candidato ultraconservador a la Casa Blanca, y después lo haría para Richard Nixon. En 1976, jugó un rol decisivo en la campaña para las elecciones primarias que posicionaría por primera vez al gobernador de California, Ronald Reagan, en el escenario nacional. Cuatro años más tarde, se convertiría en uno de sus asesores políticos de confianza en la Casa Blanca, y en paralelo desarrollaría una actividad de consejero electoral que lograría la elección de decenas de miembros del Congreso y gobernadores en todo Estados Unidos.

Ya en esa época, su método consistía en el *microtargeting*[2]: sofisticados análisis demográficos y sondeos sobre votantes de elecciones primarias, que permitía identificar distintos grupos a los que enviar mensajes diferenciados. Facebook estaba todavía muy lejos, pero Finkelstein usaba ya el correo postal y el marketing telefónico para segmentar a los posibles simpatizantes de sus clientes políticos. A algunos enviaba mensajes más moderados, mientras que con otros forzaba el tono y acentuaba ciertos aspectos del programa o de la personalidad de los candidatos respaldados.

Sin embargo, el verdadero talento de Finkelstein consistió, desde el inicio, no tanto en promover a su candidato como en destruir al adversario. En manos de Finkelstein, las *negative campaigns*[3] o campañas orientadas al ataque, que resaltan los defectos de los oponentes, se convertirían en una forma de arte. Cuando, por ejemplo, se trataba de lograr la elección de Al D'Amato —un republicano sin ningún carisma— en una

2. N. del T.: en inglés en el original.

3. N. del T.: en inglés en el original.

circunscripción con una fuerte inclinación demócrata, Finkelstein ha explicado: «*No tenía demasiada sustancia sobre la que trabajar. Basta con conocer a D'Amato para saber de qué estoy hablando. No podía ni siquiera destacar sus cualidades, así que opté por mostrarlo lo menos posible. Nunca lo envié a los platós de televisión. Ni una sola vez*».

Sin embargo, no le había sido difícil demoler a sus oponentes. Primero, tuvo que anular al senador saliente, un patricio de cierta edad descrito por Finkelstein como una especie de cadáver andante. Luego, atacó al rival demócrata de D'Amato, el fiscal general del Estado. «*Un progresista*[4] *sin perspectivas*», según Finkelstein. Lo que, en su jerga, venía a referirse a un elitista hipócrita, apartado de la realidad y enfrascado en dictar leyes con el dedo meñique en el aire, mientras que Estados Unidos había basado siempre su grandeza en la iniciativa personal, liberada de marcos normativos y de burocracias.

Para enfatizar este punto, Finkelstein filmó un anuncio televisivo. Pero no lo haría con D'Amato, cuidadosamente mantenido lejos de los focos en todo momento, sino con la madre de este, provista de sus bolsas de la compra. De este modo, encarnaba las dificultades de la vida cotidiana para los ciudadanos de a pie, ignorados por el progresismo pudiente. Durante esta campaña, así como en una docena más, Finkelstein convertiría el adjetivo «progresista»[5] en un insulto. Y, al hacerlo, contribuyó a la victoria de un batallón de candidatos ultraconservadores, así como a la derrota de auténticos iconos del Partido Demócrata como Frank Church, George McGovern y Mario Cuomo. «Demasiado liberal durante demasiado tiempo»

4. N. del T.: la cita original se refiere a «liberal», que en el contexto anglosajón se emplea como sinónimo de tendencias progresistas.

5. N. del T.: el término, en el contexto anglosajón, es «liberal».

sería el eslogan ganador que Finkelstein había murmurado al oído de un contendiente entonces desconocido, George Pataki.

A lo largo de las décadas, Finkelstein había cimentado su leyenda en el primer círculo republicano, y formado a una generación entera de propagandistas que jugarían a continuación un papel decisivo en el doble mandato de George W. Bush y en la victoria de Donald Trump. Los dos principales asesores de imagen inculpados con arreglo a la investigación de la injerencia rusa a favor de Trump, Paul Manafort y Roger Stone, habían sido formados en la «escuela» Finkelstein.

A mediados de la década de 1990, Finkelstein empezó a extender sus dones más allá de las fronteras de Estados Unidos. En 1996 desembarcaba en Israel, donde encontró una situación todavía más explosiva que de costumbre. El primer ministro, Isaac Rabin, acababa de ser asesinado por un fanático judío opuesto a los acuerdos de paz que había logrado con los palestinos. Le sucedía en el cargo su ministro de Asuntos Exteriores y premio Nobel de la Paz, Shimon Peres, una figura moderada de renombre mundial, para la que todos auguraban una holgada victoria en las elecciones de la primavera siguiente. Pero Finkelstein no se dejó llevar por el abatimiento. ¿De modo que su candidato, Benjamin alias «Bibi» Netanyahu, era considerado un extremista inexperto y poco fiable? En primer lugar, Arthur lo incitó a teñirse el pelo de gris para lograr una apariencia más respetable: «*El aspecto físico es importante* —declaraba—. *El candidato más maduro gana las elecciones en el 75 % de los casos*». Luego empezó el cometido habitual de demoler al adversario. «*Peres quiere dividir Jerusalén*», dar la mitad a los palestinos: he aquí su estrategia de ataque.

Con ayuda de una campaña encarnizada y totalmente inédita en Israel, Finkelstein caricaturizó a Shimon Peres como un traidor a la patria, imbuido en las habituales ilusiones piadosas que caracterizan a los liberales de todo el mundo. Por contraste, el eslogan desarrollado para el candidato conservador era simple y eficaz: «*Netanyahu es bueno para los judíos*». Básicamente, solo él era un auténtico patriota y solo aquellos que lo apoyaban podían ser considerados auténticos judíos. El resto era solo progresista[6], débil o, peor aún, cómplice de los árabes. Poco importaba que el 20 % de los ciudadanos israelíes fueran árabes: si la estrategia permitía consolidar el bloque del verdadero pueblo israelí tras su candidato, Finkelstein renunciaría a los otros votos con los ojos cerrados. Sorprendentemente, la maniobra funcionó: Netanyahu logró la mayoría gracias a un puñado de votos de diferencia y se convirtió en primer ministro de Israel.

En los años siguientes, Bibi lograría afianzar su hegemonía política utilizando la simple línea divisoria definida por Finkelstein: nosotros contra ellos, el pueblo de un lado y sus enemigos del otro. Quien no está del lado de Netanyahu no es un verdadero judío. Mientras tanto, la leyenda de Arthur Finkelstein, el Keyser Söze de la derecha nacionalista, continuó su expansión hasta alcanzar los dominios de Europa del Este y del antiguo imperio soviético. El propagandista corría de un lado para otro, de la República Checa a Ucrania, de Austria a Azerbaiyán, y en todas partes desplegaría sus talentos en campañas negativas. A veces a la ligera, como en Albania, donde produjo un vídeo electoral que comparaba a un luchador de sumo, a un canguro y al adversario político de Finkelstein. «*¿Qué tienen en común estos personajes?* —se pregunta una voz

6. N. del T.: «liberal» en el texto original.

en off—. *Ninguno de ellos tiene ni idea sobre Albania*». En retrospectiva, Finkelstein ríe todavía. «*El candidato se enojó* —explica—. *Convocó una conferencia de prensa para declarar que lo habíamos comparado a un animal, ¡a un canguro! Después de eso, todo el mundo quería ver el anuncio…*». En otros contextos, se requería un enfoque más crudo. En 2009, Finkelstein desembarcaba en Hungría, donde le esperaba quien se convertiría en su principal cliente y, quizá, el espíritu político más próximo al suyo propio de la escena internacional.

Al igual que Finkelstein, Orban es discípulo de Carl Schmitt[7]: la política consiste, ante todo, en identificar al enemigo. Fue bajo esta premisa fundamental que se conformarían una trayectoria y una comunidad de personas unidas en la lucha.

En 2009, el enemigo estaba totalmente definido. Se trataba de Europa, que no había escatimado a Hungría la humillación de una crisis financiera de la que solo pudo recuperarse con la ayuda del FMI, y que todavía impone medidas de austeridad que recaen sobre la clase media. Al frente del país estaba Gordon Bajnai, un tecnócrata impuesto por Bruselas y los mercados, que había empezado a recortar los salarios y las pensiones de los funcionarios.

Orban, que ya había gobernado Hungría durante cuatro años al mando de una plataforma en gran medida proeuropea, comprendió que había llegado el momento de cambiar de tercio. Con ayuda de Finkelstein, articuló una campaña intensiva contra los liberales que habían traicionado al pueblo y conducido el país a la bancarrota debido a su corrupción y sumisión a intereses foráneos.

---

7. N. del T.: Carl Schmitt (1888-1985), jurista y politólogo alemán, postulador del pragmatismo de «hombres fuertes» y miembro del Partido Nazi.

Hungría no es una colonia, repetía Orban con insistencia. Tras padecer la ocupación de los turcos, de los Habsburgo y de los soviéticos, el país no aceptaría ser sometido por Bruselas.

Y Bajnai, el tecnócrata respaldado por la izquierda, era una presa fácil para la campaña negativa orquestada por Finkelstein.

En la primavera de 2010, Orban ganó las elecciones con el 57,2 % de los votos. En el clima acalorado de una campaña negativa y agresiva, el 17 % de los votos había ido a parar, asimismo, al partido xenófobo Jobbik.

En realidad, tres cuartas partes del electorado húngaro habían votado ese año a un partido de derecha o de extrema derecha. Los viejos partidos de centroderecha y de centroizquierda que habían dominado la escena desde 1989 fueron humillados, con los socialistas pasando del 46 al 19 % de los votos. De este modo, en Hungría se materializaba con años de antelación el escenario que se impondría a continuación en otros países europeos.

Desde el principio, Orban presentó la victoria no como fruto de la alternancia democrática, sino como el comienzo de la revolución que finalmente permitiría al pueblo tomar el poder.

Un *Manifiesto por la cooperación nacional*, en el que se indicaban «el trabajo, el hogar, la familia, la salud y el orden» como pilares de «un nuevo sistema nacido de la voluntad del pueblo», fue ratificado por una mayoría parlamentaria y exhibido en los edificios públicos. La Constitución fue enmendada para acelerar los procedimientos (en adelante, una ley podría aprobarse en unas horas) y para concentrar el poder (los tribunales pasarían desde ese momento a la tutela del poder ejecutivo).

Orban instrumentalizaba así el espíritu de venganza de una nación que, tras la Primera Guerra Mundial, había sufrido la amputación de dos tercios de su territorio y dos quintas partes de su población. Tras el Tratado de Trianón de 1920, más de tres millones de húngaros despertaron en países extranjeros: Rumanía, Checoslovaquia y Yugoslavia. Desde su entrada en funciones, el Gobierno del pueblo concedía la ciudadanía a todos los húngaros residentes en el extranjero y proclamaba el 4 de junio, fecha de la firma del Tratado de Trianón, «Día de la solidaridad nacional». A partir de ese momento, los ciudadanos de origen húngaro de los países vecinos se convertirían en uno de los principales y más sólidos pilares del electorado de Orban: en las elecciones de 2014, el 95 % votará por Fidesz, el partido del primer ministro.

Sin embargo, sería la ciudadanía en su conjunto la movilizada constantemente por «la lucha de la liberación nacional» escenificada por Orban y sus asesores. En este contexto, se introdujeron impuestos especiales a las multinacionales extranjeras. Comprar tierras de cultivo se volvió prácticamente imposible para los extranjeros. Los medios de comunicación, tanto privados como públicos, debían someterse al control ejecutivo. Todo ello en flagrante violación de las normas más elementales del mercado común europeo.

Cada vez que las instituciones europeas intentaban, tímidamente, hacer oír sus voces, Orban aprovechaba la oportunidad para evocar los recuerdos más dolorosos de la historia de la patria. «*Somos del todo conscientes de la naturaleza de esta asistencia no solicitada que los camaradas ofrecen, y reparamos en ella incluso cuando no se presenta en uniforme con hombreras, sino en un traje con buen corte*», declaraba, por ejemplo, con motivo de la fiesta nacional de 2012.

Montado sobre la ola de la lucha por la liberación popular, Orban ganaba de nuevo las elecciones en 2014 y, gracias a una nueva ley electoral, su 45 % de porcentaje de votos se transformó en el 90 % de los escaños parlamentarios (96 de un total de 106). Sin embargo, a partir de ese momento algo se había truncado. Todo iba de mal en peor: una serie de escándalos de corrupción salpicaron a figuras cercanas al primer ministro; Jobbik recuperó escaños en detrimento del partido gubernamental en las elecciones complementarias; las calles de Budapest fueron escenario de enormes manifestaciones de jóvenes que catalizaban y evidenciaban el descontento acumulado contra el «Gobierno del pueblo». En unos meses, Fidesz caía en las encuestas de intención de voto hasta el 20 %.

«*Tenemos que cambiar de estrategia*», repetía Finkelstein, a pesar de que Orban lo hubiera ya comprendido. Al principio, trató de conducir el debate público hacia la pena de muerte. ¿Por qué no restaurarla, para reanudar la revolución nacional de manera todavía más vigorosa?

Pero el público reaccionó con frialdad y el debate no despegó. Sorprendentemente, el tema no incitaba los espíritus. Orban y Finkelstein eran conscientes de que necesitaban un nuevo enemigo y, por suerte, los atentados terroristas se lo sirvieron en bandeja de plata.

Como por arte de magia, el Islam, encarnado en el rostro de los migrantes procedentes de África y de Oriente Medio, se convertía en el enemigo número uno. El único problema era que, en Hungría, el problema no existía o era a lo sumo residual. Los extranjeros apenas representaban el 1,4 % de la población húngara y, entre ellos, los musulmanes eran una ínfima minoría.

Poco importa: Finkelstein nunca se ha dejado amedrentar por la realidad. «*Lo más importante* —declaró en una conferencia concedida en Praga— *es que nadie sabe nada. En política, es lo que se percibe como verdadero lo que acaba siéndolo, y no lo que es verdad. Si yo les digo que es un placer estar aquí, porque partí de Boston en plena nevada y ahora estoy en Praga, donde brilla el sol, me creerán. Porque saben que, aquí, hoy hace un día espléndido. Si, por el contrario, les digo que estoy triste de estar aquí porque he dejado Boston en un día soleado y aquí en Praga está nevando, no me creerán ni en Praga (porque basta con echar un vistazo por la ventana), ni en Boston (porque ya les he mentido sobre Praga). En definitiva, un buen político es un tipo que nos dice una serie de cosas verdaderas antes de empezar a decirnos una serie de cosas falsas, porque de esa manera creeremos todo lo que dice, verdades y mentiras*».

Tan pronto como Orban regresó de París, la maquinaria propagandística se puso en marcha.

Con la asistencia de colaboradores locales, Finkelstein concibió un cuestionario que sería enviado a todos los electores como parte de una gigantesca «consulta nacional sobre el terrorismo y la inmigración». Ocho millones de ciudadanos recibieron en el buzón un formulario oficial con preguntas del estilo: «*Algunos dicen que hay un vínculo entre la mala gestión de la inmigración por parte de Bruselas y el auge del terrorismo. ¿Comparte esta opinión?*».

En paralelo, Finkelstein organizaba una gigantesca campaña en vallas publicitarias con mensajes teóricamente dirigidos a los inmigrantes, pero escritos en húngaro y rigurosamente pensados para influir sobre los votantes. Las paredes de todo el país se llenaron de carteles con mensajes en mayúsculas: «*Si vienes a Hungría, ¡no usurpes a los húngaros su trabajo!*», «*Si vienes a Hungría, ¡tienes la obligación de respetar nuestra cultura!*».

A diferencia de los otros dirigentes europeos, a los que la crisis migratoria de la primavera de 2015 tomaría por sorpresa, Orban y Finkelstein estaban listos. Haciendo suyo el principio de Maquiavelo según el cual nunca hay que dejar pasar una crisis, crearon las condiciones ideales para transformar el flujo de refugiados procedente de Siria en una maquinaria de adhesión política. Y, como la suerte sonríe a los audaces, la invasión discurrió según lo previsto. Ese año, las entradas irregulares en el país se multiplicarían por ocho, de 50 000 el año anterior a más de 400 000.

En realidad, la gran mayoría de los recién llegados no tenía intención de detenerse en Hungría. Solo deseaban cruzar el país en dirección a Alemania y al resto de países del norte de Europa. Pero Orban necesitaba un golpe de efecto para reforzar su mensaje de tolerancia cero con la inmigración. No solo haría aprobar por el Parlamento, en un tiempo récord de dos horas, una ley para erigir una barrera de 175 kilómetros a lo largo de la frontera, sino que impondría además el cierre de la estación de ferrocarriles de Budapest. Como consecuencia, los migrantes que solo deseaban atravesar el país permanecerían bloqueados en la capital húngara y se verían obligados a emprender una larga marcha para alcanzar la frontera austríaca.

A efectos políticos, el tono intransigente de Orban, que llegaba oportunamente en el clima de paranoia generado por las campañas de Finkelstein, funcionó a la perfección. La popularidad del primer ministro se disparó en las encuestas, mientras que la extrema derecha de Jobbik comprobó cómo el discurso del Gobierno usurpaba sus principales propuestas.

Los asesores de comunicación del Ejecutivo dieron a la televisión estatal instrucciones específicas sobre cómo se debía cubrir la crisis. Los niños nunca debían ser filmados —oficialmente para protegerlos, pero en realidad para evitar que se generara demasiada empatía en torno a los recién llegados—. El término «refugiados» no debía usarse en ningún caso e incluso el término «*bevandorlo*», que siempre se había referido a los inmigrantes, fue suprimido en favor de «*migrans*», una palabra latina que suena decididamente extranjera en lengua húngara.

Nada se dejó al azar, de tal modo que la urgencia se transformara en una oleada de popularidad a favor del primer ministro. Sin embargo, en marzo de 2016, la Unión Europea, encabezada por Alemania, firmó un controvertido acuerdo con Turquía para bloquear el flujo de migrantes en ruta por los Balcanes. La crisis propiamente dicha había terminado. No obstante, tras haber descubierto el filón adecuado, Orban no tenía intención de renunciar a este con tanta facilidad.

Afortunadamente para él, la Unión Europea anunciaba un plan para distribuir entre los socios a los refugiados que seguían llegando a Italia y Grecia, y Hungría debería acoger a 1294 personas. La cifra era insignificante, pero para Orban era la oportunidad perfecta para proseguir con su particular choque de civilizaciones. Tan pronto como Bruselas anunció su plan, Orban convocaba un referéndum para el 2 de octubre, en el que se interpelaría al pueblo para que lo aprobara o rechazara. Al mismo tiempo, se reanudaba la campaña sobre vallas publicitarias: ocuparía la mitad del espacio público dedicado a publicidad en el país, con lemas como «Los ataques de París fueron cometidos por inmigrantes» o «Desde la crisis de los migrantes, ¡los ataques contra las mujeres han aumentado mucho!». El poder de atracción de estos mensajes radicaba en su omnipresencia; bastaba con dar un paso para toparse de bruces con uno de ellos. Durante el verano, las retransmisiones de la Eurocopa de fútbol y los Juegos Olímpicos —muy seguidas— se interrumpieron cada hora para dar paso a boletines informativos sobre los migrantes y sus fechorías. Al mismo tiempo, la televisión estatal entrevistaba a actores y atletas que exponían al unísono por qué votarían «No» en el referéndum.

No es de extrañar que, el día del referéndum, la opción del «No» se impusiera con el 98 % de los votos, si bien menos de la mitad del electorado había acudido a las urnas. En poco menos de dos años, Orban había logrado convertir su país en una especie de búnker y embaucar a los demás países de la región para que firmaran, en Visegrado, un pacto histórico de oposición a cualquier método de redistribución de refugiados. Orban también lograría sus conversos en Europa occidental, donde había empezado a ser percibido como abanderado de un modelo alternativo que se oponía con firmeza a la tecnocracia de Bruselas.

Las líneas maestras del modelo quedaban claras: el primer ministro húngaro las había definido en 2014, durante un discurso que pasaría a la historia: «*La nación húngara no es un mero aglutinamiento de individuos, sino una comunidad que debe organizarse, reforzarse y, en definitiva, construirse. En este sentido, el nuevo Estado que estamos construyendo en Hungría es un Estado iliberal, y no un Estado liberal. No niega los valores fundamentales del liberalismo como la libertad, pero no hace de esta ideología el elemento central de la organización estatal*».

En la práctica, para Orban, el Estado debía estar al servicio del pueblo, entendido como la mayoría de los húngaros. Y nada ni nadie, por mucho que fuera un juez, un periódico o una ONG, tenía la potestad de oponerse al ejercicio de la soberanía popular en nombre de la defensa de alguna minoría o principio constitucional cualquiera. «*En la actualidad, el liberalismo europeo no gira en torno a la libertad, sino sobre la "corrección política"* —declaraba—. *Se ha convertido en una ideología esclerótica y dogmática. Los liberales son los enemigos de la libertad*». En cuanto a los contrapoderes, eran «*una invención estadounidense que Europa ha adoptado por mediocridad intelectual*».

Las palabras de Orban tenían el mérito de ser claras. Incluso resultaba un poco doloroso escucharlas en boca del antiguo estudiante rebelde de 1989, quien había regresado de inmediato desde Oxford, adonde había acudido a estudiar gracias a una beca de la Fundación Soros, para liderar la iniciativa de los jóvenes liberales, anticomunistas y proeuropeos de Budapest.

Como Trump y el Movimiento 5 Estrellas, Orban se había revelado, ante todo, como un político oportunista, asistido por algoritmos y con sed de poder. Si el liberalismo y la tolerancia le hubieran asegurado este mismo poder, su brújula interna los habría sin duda instigado a respetar escrupulosamente los principios de la democracia liberal.

Pero, en el caso de Orban, quizá hubiera algo más. Para entender de qué se trataba, conviene dejarse guiar por Iván Krastev, uno de los observadores más renombrados de la escena política postsoviética.

Después de la caída del muro —explica Krastev—, las élites del Este europeo se embarcaron en un proceso de imitación de Occidente, con la esperanza de recuperarse de los atrasos acumulados a lo largo de medio siglo de comunismo. Desafortunadamente, además de las penurias materiales que los ciudadanos de los antiguos satélites soviéticos habían padecido, este proceso había comportado, asimismo, un coste psicológico importante. Según Krastev, lo que hace que la imitación sea especialmente dolorosa no es solo el supuesto de que el imitador sea inferior al modelo, sino el hecho de que otorgue a Occidente el derecho a juzgar el éxito o fracaso de los países del Este sobre la vara de medir de los estándares occidentales. Desde este punto de vista, la imitación se convierte en una pérdida de soberanía.

Era por tanto de esperar que, en algún momento, la frustración acumulada por los imitadores produjera una reacción explosiva. Más aún si se tiene en cuenta que la admiración de las élites de Europa del Este se basaba, al menos en parte, en un malentendido. A ojos de los conservadores húngaros, checos y polacos, Europa occidental representaba un ideal porque, a diferencia del comunismo, garantizaba el respeto de las tradiciones y la religión. No es de extrañar, pues, que se sintieran estafados al constatar que, en Occidente, la norma comprendía el multiculturalismo y los matrimonios entre personas del mismo sexo.

Las crisis de los últimos años, el terrorismo islamista y la emergencia migratoria no han hecho más que reforzar esta desilusión, hasta producir una reversión radical.

Bajo la batuta de los nuevos líderes soberanistas, las democracias iliberales del Este se presentan como un modelo alternativo para todos aquellos que se atrincheran en torno a los valores seculares de la «verdadera» Europa: Dios, la patria y la familia. Estos regímenes se erigen hoy en tanto que baluartes contra la dictadura de la «corrección política» y los derechos de las minorías, que diluyen las tradiciones y contestan la importancia de la familia. Se oponen, además, a una inmigración masiva que amenazaría la homogeneidad y la identidad cultural de los pueblos europeos.

Hasta hace poco tiempo, los gobernantes de los países del Este adoptaban, tanto en Bruselas como en otros círculos, la postura un tanto humillante del advenedizo que, siempre sensible al riesgo de recibir críticas o condenas hirientes, aguarda a ser juzgado. Hoy, en cambio, su misión es preservar la llama de los valores que el Oeste ha perdido.

«*Hace veintisiete años* —manifestaba Orban en un discurso de 2017—, *aquí, en Europa central, pensábamos que Europa era nuestro porvenir; ahora tenemos la impresión de representar el propio futuro de Europa*».

Resulta difícil contradecirlo del todo, a juzgar por los acontecimientos de estos últimos años. En muchos países europeos, Orban se ha convertido en un modelo a seguir para los movimientos soberanistas que ganan las elecciones y, en ocasiones, toman el poder.

La cuestión migratoria permite alimentar a Waldo en cualquier contexto. En Italia, la firma Casaleggio Associati elaboró en 2014 un manual de conducta para los representantes electos del Movimiento 5 Estrellas que participan desde entonces en programas televisivos. En cuanto al asunto de los migrantes, el texto sugiere adoptar la actitud siguiente: «*El tema de la inmigración suscita muchas emociones, entre las cuales destacan el miedo y la ira. De este modo, en televisión, es inútil desgranar un argumento, explicar los tratados o incluso proponer soluciones más o menos realistas. Las personas son presa de sus emociones y perciben una amenaza para ellas y sus familias. No se puede pretender que sigan un discurso puramente racional*». En definitiva, el manual sugiere la estrategia del «calco emocional»: «*Somos una vía de escape de la rabia y el miedo*».

Durante la campaña para las elecciones municipales de 2017, Grillo forzará «la estrategia del calco emocional» hasta el punto de usar en contra de una minoría étnica como la romaní, en su mayoría ciudadanos italianos, el término alemán *Raus* («fuera»). Nombrado después ministro de Interior, el líder de la Liga Matteo Salvini convertiría estas ideas en textos legislativos concretos, con el pleno apoyo del Movimiento 5 Estrellas.

Algo similar ocurriría en otras partes, con variaciones apenas perceptibles. En todos los países industrializados, los ingenieros del caos han instrumentalizado el miedo al extranjero, ya se trate de refugiados, inmigrantes o incluso compatriotas de origen étnico o religión diferentes, para convertirlo en el principal combustible del Waldo populista.

Desde su punto de vista, la ventaja de la cuestión migratoria no consiste únicamente en reforzar la división de Schmitt entre nosotros y ellos, sino que sobre todo quiebra las barreras tradicionales entre la derecha y la izquierda.

El estratega del Brexit, Dominic Cummings, relata un episodio esclarecedor al respecto: «*Me disponía a coordinar un grupo de discusión con votantes conservadores. Debatí con ellos sobre inmigración durante veinte minutos. Luego pasamos a la economía. Al cabo de unos minutos, un poco sorprendido por sus argumentos, les pregunté: Pero ¿a quién han votado? A los laboristas, me respondieron. Por un error de programación, me hallé charlando con simpatizantes laboristas, en lugar de conservadores. Pero, sobre el tema de la inmigración, estos votantes de la clase trabajadora eran prácticamente imposibles de distinguir de los 'tories' y de los soberanistas de UKIP*».

El énfasis sobre la inmigración permite desarticular el discurso de las formaciones tradicionales y libera un enorme espacio político para que el populista Waldo pueda presentarse, de este modo, como alguien ni de derechas ni de izquierdas.

Cummings prosigue: «*Los medios han tratado de encasillar la campaña del Leave como si fuera "de derechas" pero, a ojos del público, no éramos ni de derecha ni de izquierda. Lo mismo ha vuelto a ocurrir con Trump. Trump cometió muchos errores, pero había algo de atractivo en su mensaje nacional, algo que iba más allá de las categorías derecha/izquierda. Una vez más, los medios no lo comprendieron y acabaron etiquetándolo, al igual que en el caso del Brexit, como "derecha populista", con la connivencia de algunos charlatanes universitarios. Pero la razón por la cual tuvo tanto éxito es precisamente porque su mensaje no se circunscribe en exclusiva a la derecha*».

La cuestión migratoria es el tema sobre el que la derecha populista podría sellar su colaboración con la izquierda populista, como ha sucedido en Gran Bretaña con el Brexit y en Italia a raíz del cierre portuario decretado por Matteo Salvini. En esencia, solo se trata de transformar la oferta política para sincronizarla con la demanda. De ahí que, en los países donde la fusión entre partidos populistas de distinto signo no se ha producido todavía, muchos actores —tanto a extrema derecha como a extrema izquierda— trabajan para ser los primeros en hacer volar por los aires la antigua división ideológica.

En Alemania, una campaña agresiva y centrada casi exclusivamente en el tema de la inmigración permitió al movimiento de extrema derecha AfD («Alternativa para Alemania») atraer votos de los partidos de izquierda. Según los análisis de trasvase de votos entre los partidos en las elecciones de 2017, el movimiento obtuvo casi tantos votos de las filas del Partido Socialdemócrata y de la izquierda radical Die Linke que de la derecha tradicional CDU-CSU. Lo que explicaría que, después de las elecciones, muchos ex líderes de extrema izquierda crearan el movimiento *Aufstehen* («De pie») para, según una de sus fundadoras, «*acabar con la buena conciencia de la izquierda en torno a la cultura de la hospitalidad*».

En Francia, la pregunta es si el movimiento de los «chalecos amarillos» podría constituir el detonante de una convergencia entre populistas de derecha y populistas de izquierda. A pesar del gran esfuerzo de Marine Le Pen, por un lado, y de Jean-Luc Mélenchon, por el otro, lo que falta todavía entre los franceses es una especie de «Macron al revés»: un líder que tuviera la capacidad de trascender la división entre derecha e izquierda para unir a los nacionalpopulistas de ambos extremos. Pero la propia experiencia del actual inquilino del Elíseo[8] demuestra que una figura de este tipo podría surgir de manera fulgurante cuando las circunstancias fueran favorables.

8. N. del T.: el Palacio del Elíseo es la residencia oficial del presidente de la república francesa.

Los físicos

A finales de la década de 1960, cuando la pesadilla de la guerra atómica amenazaba con destruir el planeta, el dramaturgo suizo Friedrich Dürrenmatt imaginó en una obra de teatro[1] encerrar a Newton, Einstein y Möbius[2] en una clínica de salud mental. En el asilo de *Los físicos*, los suelos son de madera, las acogedoras camas están provistas de colchas y los balcones dan a las montañas. Sin embargo, Newton y Einstein no parecen particularmente encantados por el lugar y se pasan el día maquinando estratagemas para escapar: sus laboratorios los aguardan y todavía tienen ante sí mil y un descubrimientos por hacer.

Un día, Möbius siente la necesidad de explicarles lo que ocurre en realidad.

«*Hemos llegado al fin de nuestro viaje* —declara—. *Pero la humanidad todavía no ha llegado todavía. Hemos avanzado sin cese y hoy nadie nos sigue, nos hemos arrojado al vacío. Nuestra ciencia se ha vuelto terrible, nuestra investigación es peligrosa, nuestros descubrimientos matan. En calidad de físicos, no nos queda más que capitular ante la realidad. La humanidad no puede hacer frente a nuestra labor científica y corre el riesgo de perecer por culpa nuestra. Tenemos que revocar nuestro conocimiento; yo mismo ya lo he hecho. No hay otra alternativa, ni siquiera para vosotros*».

---

1. El pintor y dramaturgo suizo de lengua alemana Friedrich Dürrenmatt es el autor de la obra teatral satírica *Die Physiker* (*Los físicos*), estrenada en 1962.
2. N. del T.: Johann Wilhelm Möbius es, en la obra aludida de Friedrich Dürrenmatt, un interno del sanatorio de Les Cerisiers que cree recibir visitas del rey bíblico Salomón. Los otros dos internos y coprotagonistas de la pieza son Georg Beutler y Ernst Heinrich Ernesti; el primero cree ser Sir Isaac Newton, mientras que el segundo se cree Albert Einstein.

«¿Qué significa todo eso?» —demandan los otros dos, visiblemente contrariados.

«*Que debéis permanecer conmigo en el asilo*».

La obra de Dürrenmatt me vino a la mente después del referéndum británico, cuando el director de la campaña a favor del Brexit, Dominic Cummings, realizaba una declaración un tanto sorprendente. «*Si uno quiere avanzar en política* —escribía en su bitácora—, *mi consejo es contratar físicos, y no expertos o comunicadores*».

De hecho, en lugar de dirigirse a los consultores políticos de costumbre, Cummings organizó su campaña con la ayuda de un equipo de científicos de las universidades californianas más prestigiosas y de una sociedad canadiense de *Big Data* vinculada a Cambridge Analytica, AggregateIQ. La petición de Cummings a ambas firmas era simple: ayudadme a apuntar con precisión. Decidme adónde enviar a mis voluntarios, a qué puertas llamar, a quién remitir correos electrónicos y mensajes en las redes sociales y con qué contenido. Según el estratega del Brexit, los resultados superaron todas las expectativas. Tanto es así que el propio Cummings llegó a una conclusión preocupante: «*Si uno es joven e inteligente y le interesa la política, debería pensárselo dos veces antes de estudiar ciencias políticas en la universidad. Sería más adecuado para él estudiar matemáticas o física. Más adelante, cuando entrara en el mundo de la política, acumularía conocimientos más útiles y con aplicaciones infinitas [...]. Uno puede siempre leer libros de historia más tarde, pero no siempre es posible aprender matemáticas*».

Ante este razonamiento, es legítimo mantener un cierto escepticismo. A fin de cuentas, el uso de tecnología en política tiende a menudo a revelar la existencia de una burbuja. Después de cada elección, siempre hay alguien que afirma que el ganador no fue elegido por razones políticas, porque tenía las mejores ideas o la personalidad más seductora, sino más bien gracias a una nueva técnica conocida solo por él, desarrollada en secreto en algún sótano de Wichita o Skopie. Después del voto del Brexit y la elección de Trump, esta tendencia alcanzó su clímax cuando medios de todo el mundo se enfrascaron en una carrera desenfrenada para destapar la identidad de los manipuladores ocultos, de Facebook a Cambridge Analytica, pasando por los blogueros macedonios y las granjas de troles rusos, todos señalados como sospechosos de haber posibilitado estos resultados inauditos.

Es evidente que numerosos actores tienen interés en amplificar el rol jugado por las tecnologías en el proceso electoral. Los medios tradicionales inclusive, al toparse sin duda con una nueva y fascinante historia que contar, como alternativa a los habituales análisis de los politólogos. También los derrotados, que pueden consolarse a sí mismos y a sus partidarios por no haber sido derrotados debido a su pobre rendimiento, sino a causa de ciertas fuerzas oscuras. O los estrategas —como el propio Cummings—, los tecnólogos, los consultores y las plataformas, que pueden presumir de haber cambiado el curso de la historia. Cuando Christopher Wylie, el «arrepentido» de Cambridge Analytica, expiaba públicamente su culpa al declarar que «*yo facilité la elección de Trump con mis algoritmos*», incurría en realidad en el autobombo (a su favor y al de la sociedad que pretendía atacar) más que en combatir en nombre de la libertad y la democracia.

Dicho esto, es cierto que algunas elecciones se deciden con márgenes tan estrechos que la capacidad para influir sobre un puñado de votos, de manera específica, podría marcar la diferencia. Trump se impuso en Pensilvania por una diferencia de 44 000 votos sobre 6 millones, por 22 000 en Wisconsin y por solo 11 000 en Michigan.

A grandes rasgos, sería temerario negar que, en efecto, algo fundamental habría mutado en la relación entre la tecnología y la política.

Los científicos siempre han soñado con reducir el gobierno de la sociedad a una ecuación matemática capaz de eliminar los márgenes de irracionalidad e incertidumbre inherentes a la condición humana. Hace dos siglos, Auguste Comte definía ya la física social como «*la ciencia que tiene por objeto el estudio de los fenómenos sociales, considerados en el mismo espíritu que los fenómenos astronómicos, físicos, químicos y fisiológicos, es decir, sujetos a leyes naturales inmutables, cuyo descubrimiento es el propósito esencial de su investigación*». Desde entonces, muchos han reivindicado estas reflexiones acerca de la «ciencia política», sin jamás lograr el objetivo de aumentar la previsibilidad de la sociedad.

Sin embargo, en los últimos años se ha producido un fenómeno decisivo. Por vez primera, comportamientos humanos que hasta ahora habían permanecido como un fin en sí mismos empezaron a producir un flujo masivo de datos.

Gracias a Internet y a las redes sociales, nuestros hábitos, preferencias, opiniones e incluso emociones pueden medirse. Hoy en día, cada uno de nosotros deambula voluntariamente con su «jaula de bolsillo», un instrumento que nos convierte en trazables y localizables en todo momento. En el futuro, con la Internet de las cosas, cada gesto generará un flujo de datos no exclusivamente ligados a acciones de comunicación y consumo, sino también al simple hecho de lavarse los dientes o echar una cabezada en el sofá. Éric Sadin se refiere a este respecto como «la industria de la vida», el sector más prometedor de la nueva economía, diseñado para absorber a todos los demás.

Esta profusión de datos sin precedentes —y los poderosos intereses económicos que representa— es el origen del nuevo papel de los físicos en la política. Para comprender mejor de qué se trata, he concluido que valdría más mantenerse alejados de todos los encantadores de serpientes que se dedican a dar bombo a las aplicaciones de *big data* en política, en un intento de separar el grano de la paja.

De ahí que decidiera visitar a Antonio Ereditato, un investigador que participa en los experimentos internacionales sobre física de partículas más importantes, a caballo entre el CERN de Ginebra, el Fermilab de Chicago o el J-Parc de Tokai, en Japón. Él vive en Berna, donde dirige el Laboratorio de Física de Alta Energía y el Centro Albert Einstein de Física Fundamental. Solo le interesa hasta cierto punto la física aplicada a la política. «*Se trata de aplicaciones ya conocidas*», me dice al recibirme en su austera oficina, la cual parece haber sido concebida por un diseñador de la Wiener Werkstätte. «*El auténtico investigador está movido por la curiosidad, tiene intención de superar los límites del conocimiento. Es obvio que se necesita más fantasía para comprender de qué está hecho el mundo que para inventárselo*».

Pese a todo, todavía está dispuesto a hablar sobre el tema. «*En la física, el comportamiento de cada molécula no es predecible, ya que cada molécula está sujeta a interacciones con una infinidad de otras. En cambio, su comportamiento agregado es predecible, porque es posible deducir el comportamiento promedio a través de la observación del sistema. Las interacciones tienen mayor importancia que la naturaleza de las unidades y, en su conjunto, el sistema tiene características —y obedece a reglas— que hacen su evolución predecible. Las leyes de la física se aplican al comportamiento humano agregado. En efecto, nunca se podrán gestionar mil millones de personas como mil millones de moléculas, pero hay analogías sobre la base de las cuales se pueden aplicar ciertos principios, pese a tratarse de sistemas caóticos*».

«*En este sentido, como dice Nanni Moretti, las palabras son importantes. Para un físico, decir que un sistema es caótico no implica que sea un desastre y que uno no pueda entenderlo. Decir que un sistema es caótico implica hablar de un sistema en el que una pequeña variación de sus condiciones iniciales puede producir enormes efectos en su evolución. Un sistema de seres humanos que interactúan entre sí puede ser un sistema caótico en el que, por ejemplo, una noticia falsa puede ser la pequeña modificación inicial que produciría enormes efectos secundarios*».

Hasta hace aproximadamente una década, no había datos suficientes para aplicar las leyes de la física a la información agregada humana. En cambio, hoy sí. Incluso contamos con más datos agregados humanos que sobre la mayoría de los fenómenos físicos que estamos acostumbrados a estudiar. «*Por regla general* —subraya Ereditato—, *si uno analiza un gas o un sistema físico estadístico convencional, hay que arreglárselas con un número mucho menor de sensores que el número de moléculas. Si se analiza Facebook en la actualidad, hay casi tantos sensores como moléculas (es decir, usuarios). El problema aparece entonces en la interpretación de los datos. Y ahí interviene la ventaja competitiva del físico que, a diferencia del político, está acostumbrado a trabajar con una cantidad infinita de datos*».

Hasta hace poco, tener un espíritu científico en política era un escollo. Está claro que existían los sondeos, pero estos solo permitían, en el mejor de los supuestos, un tosco análisis de la orientación de la opinión pública tomada en su conjunto. Cada tentativa de lograr una segmentación más precisa era necesariamente costosa y, en el mejor de los casos, producía resultados aleatorios. Al final, en política, lo que contaba era el instinto, la capacidad de percibir el aire de los tiempos y de elegir el momento oportuno que caracteriza al animal político desde Tucídides, para quien el líder es aquel capaz de «*predecir, entre los distintos eventos inminentes posibles, aquel que en realidad tendrá lugar*».

En un contexto semejante, incluso el más mínimo proyecto para establecer una administración «científica» de la política podría parecer ilusorio, fruto de las ansiedades de quienes están poco habituados a afrontar el riesgo y la incertidumbre, dos factores que siempre han condicionado la experiencia política. Esta situación se ha invertido por primera vez en la actualidad.

«*Antes de intervenir en un sistema* —reitera Ereditato—, *es necesario entenderlo, algo que el político no sabe hacer. Este último se basa en muy pocos elementos, algunas encuestas, sus instintos. La política recaba información básica y actúa en función de esta: Salvini, por ejemplo, es consciente de que hay personas que están en contra de los migrantes y trata de acaparar sus votos*».

«*El físico, por el contrario, está habituado a reunir tantos datos como sea posible, al ser los valores de las variables que describen el sistema. Asimismo, casi siempre efectúa experimentos que someten el sistema al máximo de condiciones diferentes, a través de simulaciones de software. En el caso de Salvini, no le basta con saber cuántas personas hay contra los migrantes, sino que también quiere conocer cuántas son las que, opuestas a los migrantes, quieren permanecer en la UE, o cuál es el punto de ruptura de los electores de su aliado gubernamental Di Maio*[3]*, que son sin duda algo racistas, pero que*

3. N. del T.: el autor se refiere al primer Gobierno de Giuseppe Conte, que aúna la coalición parlamentaria formada por el M5S (Luigi di Maio) y la Liga Norte (Matteo Salvini), entre el 1 de junio de 2018 y el 5 de septiembre de 2019.

podrían, ante demasiado exceso, unirse a la izquierda en defensa de los migrantes o de Europa».

«*Hoy día, hay datos suficientes para obtener respuestas en tiempo real a estas y otras muchas preguntas. Pero, para conseguirlos, hay que ser capaz de conducir experimentos, hay que saber cómo recopilar los datos y hay que saber cómo analizarlos*».

Por supuesto, los físicos no son los únicos capaces de ejecutar estos tres cometidos, pero, entre todos los científicos, son quienes más han desarrollado el método de las simulaciones. La física determinista llegó a su fin a principios del siglo XX. En enero de 1900, Lord Kelvin anunciaba: «*No queda nada por descubrir, lo único que queda por hacer son mediciones cada vez más precisas*». Y, en diciembre del mismo año, Max Planck introducía los primeros elementos de la física cuántica y abría las puertas a un mundo completamente nuevo. Desde entonces, la física ha dejado de ser una disciplina determinista en el seno de la cual tal causa produciría necesariamente tal efecto, ya que las variables se han vuelto aleatorias al nivel más fundamental. A veces, en estas condiciones, no es posible resolver un problema de manera rigurosa y numérica, sino que es necesario proceder con soluciones aproximativas.

«*De ahí que los físicos trabajen mediante simulaciones. Es algo que realmente forma parte de nuestra forma de pensar* —reitera Ereditato—. *Diría incluso que somos criaturas un poco perversas. Si el hombre construye un castillo de arena, el físico es aquel que, después de haberlo construido, retira un grano de arena para ver cómo se colapsa: a partir de qué momento, por qué lado, etc. Luego repite la simulación miles de veces, hasta comprender cuál es la regla que gobierna la estabilidad de los castillos de arena*».

«En la actualidad, las simulaciones se llevan a cabo con datos reales. Una vez que uno ha realizado la experiencia, que ha recopilado los datos y los ha analizado, es capaz de identificar las correlaciones, es decir, el modo en que la modificación de un parámetro —incluso uno pequeño— afecta al sistema en su conjunto. Un sistema, en este caso, con muchas variables y posibles efectos caóticos».

Solo entonces es posible empezar a intervenir para lograr un efecto determinado sobre otro.

«Se hace posible al optimizar los parámetros del sistema. Cambias algo y mejoras el resultado a partir del objetivo que te has marcado. ¿Quieres que alguien haga clic en un enlace? ¿Vender helados de pistacho? ¿Lograr que alguien vote por ti o que, por el contrario, se quede en casa el día de las elecciones? Más allá del objetivo, hay mensajes más y menos eficaces. Los clics lo indican en tiempo real y, en función de su deriva, es posible hacer pruebas para modificar mensajes continuamente, tanto en el contenido como en su forma, mientras conservamos las características que funcionan y descartamos las menos eficaces. Sin duda, modificamos el sistema cada vez que optimizamos sus parámetros, de modo que hay que recabar nuevos datos para comprender cómo, para acto seguido optimizar de nuevo y así sucesivamente, en un ciclo casi infinito».

A efectos prácticos, en el caso de la campaña del Brexit los acontecimientos se sucedieron de la manera siguiente. Primero, los físicos se limitaron a cruzar los datos de búsquedas sobre Google con otros procedentes de redes sociales y con bases de datos más tradicionales, para identificar el apoyo potencial de la opción Leave y su distribución por el territorio. Luego, gracias a las opciones de Lookalike Audience Builder, un servicio de Facebook muy popular entre las empresas, pudieron detectar a los «persuasibles»: los votantes que no estaban comprometidos con la causa del Brexit pero que, en función de su perfil, podían ser convencidos.

Una vez delimitado el caladero de votos potencial del Leave, Cummings y los físicos pasaron al ataque. Se marcarían como objetivo el concebir los mensajes más convincentes para cada perfil de simpatizante. «*Durante las diez semanas de campaña oficial, produjimos casi mil millones de mensajes digitales personalizados, principalmente en Facebook, con un fuerte incremento en los días previos a la votación*». El rol de los científicos resultó decisivo también en este ámbito. Facebook les permitió probar simultáneamente decenas de miles de mensajes diferentes, con lo que pudieron seleccionar en tiempo real aquellos que habían obtenido una retroalimentación positiva; y, a través de un proceso de optimización continua, lograron desarrollar las versiones optimizadas para movilizar a los simpatizantes y convencer a los escépticos.

Gracias a la labor de los físicos, cada categoría de electores recibió un mensaje personalizado: para los animalistas, un mensaje sobre las regulaciones europeas que vulneran los derechos de los animales; para los cazadores, un mensaje sobre las regulaciones europeas que protegen a los animales; para los libertarios, un mensaje sobre el peso de la burocracia de Bruselas y, para los estadistas, un mensaje sobre los recursos sustraídos al Estado de bienestar para realizar transferencias solidarias a la Unión. Además, gracias a todas las versiones posibles de estos mensajes hechos a medida, los físicos pudieron identificar los más eficaces, desde la formulación del texto hasta el grafismo. De este modo, fueron capaces de optimizarlos sobre la marcha, a partir de los clics registrados en tiempo real.

Medir el impacto preciso sobre el voto de esta compleja actividad es imposible. Pero todos los indicios apuntan a su importancia. El propio Cummings escribiría más tarde que, «*si Victoria Woodcock, la directora de software empleada en la campaña, hubiera sido atropellada por un autobús, el Reino Unido habría permanecido en la Unión Europea*».

Cabe señalar, sin embargo, que el *Vote Leave* no contó con la exclusividad en este tipo de prácticas, cada vez más habituales en las campañas electorales de todo el mundo. Empezando por la campaña de reelección de Obama en 2012, que representó el auténtico salto cualitativo en la materia.

En términos políticos, el advenimiento del *Big Data* podría compararse con la invención del microscopio. En el pasado, a partir de encuestas siempre aleatorias, los comunicadores políticos podían dirigirse a grandes grupos demográficos o profesionales: jóvenes, maestros del sector público, amas de casa, etc. En la actualidad, el trabajo de los físicos permite enviar a cada votante un mensaje personalizado en función de sus características individuales. Ello posibilita una comunicación mucho más eficaz y racional que en el pasado, pero también plantea nuevos problemas. Por ejemplo, si la agregación de datos sugiere que un individuo es particularmente sensible al tema de la seguridad, sería posible enviarle mensajes a medida (a través de Facebook, por ejemplo), en los que se contraste el supuesto rigor de unos con la laxitud de otros, sin que ni el gran público ni los medios sepan lo que ocurre. Uno puede en estos momentos explotar los argumentos más controvertidos y dirigirlos solo a quienes sean sensibles a ellos, sin correr el riesgo de perder el apoyo de otros votantes que piensen diferente.

Dado que gran parte de esta actividad tiene lugar en las redes sociales, ello implica, al menos en apariencia, una comunicación entre pares más que un mensaje oficial procedente de las altas esferas: este tipo de propaganda viral escapa a cualquier forma de control y verificación de hechos[4]. Si fuera revelada por casualidad, su autoría podría ser fácilmente negada por el actor político que la hubiera originado. La consecuencia es lo que algunos ya han empezado a definir como «dog whistle politics»[5], una política que se serviría del equivalente cognitivo a silbatos para perros en la que solo unos pocos percibirían y comprenderían la llamada, mientras el resto no oiría nada.

A este respecto, la campaña de Trump en 2016 dio un gran salto cualitativo. Mediante la inversión masiva en Facebook y gracias al equipo de especialistas puestos solícitamente a su disposición por la compañía de Mark Zuckerberg, los propagandistas de Donald testearon 5,9 millones de mensajes distintos, en comparación con los 66 000 de Hillary, y emprendieron así, de manera compulsiva, el proceso de optimización continua al que se refiere Ereditato. No obstante, la campaña de Trump no se contentó con usar la agregación de datos para mejorar la eficacia de los mensajes dirigidos a sus propios simpatizantes. También puso en marcha un plan masivo para disuadir a los votantes demócratas de ir a las urnas, a través del despliegue sobre tres segmentos: liberales blancos e idealistas que habían apoyado la campaña de Bernie Sanders, el rival demócrata de Hillary durante las primarias; mujeres jóvenes de entre 18 y 35 años; y afroamericanos residentes en los barrios difíciles de las grandes ciudades.

Los primeros fueron bombardeados con mensajes que resaltaban los vínculos de Hillary con el mundo financiero, los oscuros asuntos de la fundación de su marido y toda la

4. N. del T.: el autor usa «*fact checking*» en inglés en el original.

5. N. del T.: en inglés en el original.

información, verdadera o falsa, que pudiera denigrar la imagen de un candidato ambicioso y corrompido, irremediablemente comprometido con el «partido de Davos».

En cuanto a las mujeres jóvenes, la campaña de Trump no cesó de recordarles los escándalos sexuales que habían engullido la carrera política de Bill —y de los cuales no eran necesariamente conscientes, dado que los hechos se remontaban en el tiempo—, así como de hacer de Hillary una cómplice de un marido vicioso (por pura debilidad o incluso debido a su ambición ilimitada).

Finalmente, los afroamericanos de los guetos urbanos fueron el objetivo de mensajes que les recordaban la reforma de los subsidios sociales de Bill Clinton (la cual había introducido el fin de la ayuda incondicional), así como un discurso de Hillary en el que había descrito una cierta categoría de hombres negros como «superdepredadores» que había que «poner de rodillas».

La parte legal de esta operación —la que utilizaba vídeos e información real— se llevó a cabo directamente desde la sede de la campaña digital de Trump en San Antonio, Texas. Mientras que la parte menos confesable, basada en la manipulación y las noticias falsas, que jugaría un papel esencial, fue gestionada de manera descoordinada por terceros: blogueros y sitios de noticias de la derecha alternativa en Estados Unidos y también, al parecer, en lugares más inesperados, tales como Macedonia y San Petersburgo. De este magma indefinido emergerían los ataques más absurdos —y los que lograrían mayor repercusión— contra la candidata demócrata, desde la acusación de vender armas a Daesh hasta la de dirigir una red de pedófilos con sede en el sótano de una de las pizzerías más populares de Washington.

Como resultado de todo este trabajo, el día de las elecciones muchos votantes demócratas se quedaron en casa y abrieron las puertas de la Casa Blanca a los partidarios de Trump, a pesar de que representaban una neta minoría en el conjunto del electorado.

Más allá de los casos específicos, objeto de numerosas investigaciones periodísticas o judiciales, es posible extraer al menos dos conclusiones de carácter más general.

En primer lugar, una maquinaria poderosa, diseñada en su origen para ajustarse con increíble precisión a cada consumidor, a sus gustos y a sus aspiraciones, ha irrumpido en la política.

Al principio, esta maquinaria no había sido diseñada para lograr objetivos políticos, sino más bien comerciales. Facebook y otras redes sociales son plataformas publicitarias avanzadas que ofrecen a las empresas instrumentos extraordinariamente avanzados para llegar a sus clientes. Pero una vez creada, queda claro que esta máquina también puede ser utilizada con fines políticos, como ha sucedido en los últimos años. Y, dado que las redes sociales son dispositivos comerciales en estado puro, no están equipadas para impedir las derivas y abusos en este dominio.

Lo único que les interesa es el interés suscitado[6], el tiempo que cada usuario pasa en la plataforma. Que se logre este cometido bombardeándolo con poemas de Rainer Maria Rilke o con noticias falsas antisemitas no es algo que obsesione a Facebook. Por el contrario, dado que su modelo de negocio se basa en el hecho de que no es un medio de información —de lo contrario, debería responder ante los tribunales por el contenido que publica—, Facebook debe mantenerse a toda costa neutro en materia de contenido. Para la plataforma, Rilke y los negacionistas son equiparables y deben permanecer como

6. N. del T.: el autor emplea «*engagement*».

tales, pues de lo contrario todo el edificio que sustenta el imperio de Zuckerberg se colapsaría.

En segundo lugar, gracias a esta maquinaria, las campañas electorales se están transformando cada vez más en guerras relacionadas con el software, durante las cuales los opositores se enfrentan con la asistencia de armas convencionales (mensajes públicos e información veraz), así como con armas no convencionales (manipulaciones y noticias falsas), con el objetivo de lograr dos resultados: multiplicar y movilizar su apoyo, por un lado; y, por otro, desmovilizar el de los demás.

Esta contienda todavía no ha anulado por completo el juego político tradicional, pero está ganando importancia y su impacto es ya patente en nuestra sociedad.

En el viejo sistema, cada líder político tenía instrumentos muy limitados para segmentar a sus votantes. Podía enviar mensajes específicos a determinadas categorías básicas —sindicatos, pequeños empresarios, amas de casa—, pero para lograrlo debía hacerlo públicamente. Cualquiera que quisiera crear un consenso mayoritario —y no solo un nicho—, se veía obligado a abordar al votante promedio con mensajes moderados sobre los cuales pudiera converger el mayor número posible de personas.

El juego democrático tradicional tenía por tanto una tendencia centrípeta: ganaba quien lograba ocupar el centro del espectro político.

El mundo de los físicos funciona de manera muy distinta. En el nuevo contexto, el desarrollo de un proyecto político capaz de convencer a todos —para crear consenso— importa mucho menos, ya que, como Michel Foucault había profetizado hace cuatro décadas, la multitud, la masa compacta, fue abolida en favor de la confluencia de individuos separados, cada uno de los cuales se puede seguir en detalle.

En una situación semejante, el objetivo ahora es identificar los temas que importan a todos y luego explotarlos a través de una campaña de comunicación individualizada. La ciencia de los físicos permite a las campañas contradictorias coexistir sin conflicto, sin reunirse en ninguna ocasión, hasta el momento de la votación. En el nuevo contexto, la política se vuelve centrífuga. Ya no se trata de unir a los votantes en torno al mínimo común denominador, sino más bien de inflamar las pasiones de tantos grupos como sea posible y sumarlas luego, incluso sin el conocimiento de los implicados. Las inevitables contradicciones contenidas en los mensajes dirigidos a unos y otros permanecerán en cualquier caso invisibles a los ojos de los medios de comunicación y del público en general.

Este razonamiento es tan aplicable a las comunidades más inofensivas —ya se trate de coleccionistas de sellos o de apasionados del *kitesurfing*— como a los fanáticos religiosos más peligrosos o a miembros del Ku Klux Klan. Mientras el movimiento convergente de la vieja política marginalizaba a los extremistas, la lógica centrífuga de la política de los físicos los valoriza. No los sitúa en el centro, porque el centro ya no existe, pero les ofrece un espacio y respuestas.

Una dinámica económica que sigue la misma lógica refuerza también esta tendencia. Hasta hace unos años —ha argumentado Nick Cohen en *The Spectator*—, no era cómodo ser un extremista en política. Para ser un maoísta o un filonazi, hacía falta estar protegido por una fortuna familiar, como Oswald Mosley, o resignarse a malvivir en la privación. Hoy, por el contrario, Internet ha abierto un panorama de oportunidades económicas a los propagadores de odio. El propagandista antimusulmán Tommy Robinson gana 4000 libras al mes gracias al tráfico acumulado por sus sermones incendiarios y ha recaudado 100 000 libras en un sitio de micromecenazgo para equipar un estudio radiofónico. Por el contrario, la lógica de los nuevos medios, que hace hincapié en los contenidos capaces de suscitar las emociones más intensas, crea obstáculos para los creadores moderados, que afrontan mayores dificultades para generar tráfico en Internet y lograr así ingresos satisfactorios para ellos y para los medios que los alojan.

En un entorno de este tipo, el comportamiento de los líderes y los partidos se hace inestable. Incluso para los partidos «clásicos», la motivación para elaborar una plataforma coherente y un mensaje unificado capaz de atraer al elector promedio disminuye, mientras crece la tentación de multiplicar las señales —incluso las contradictorias—, con el objetivo de captar los grupos más dispares. Como queda claro en el caso del Movimiento 5 Estrellas, el líder y el partido se transforman en un algoritmo sin línea propia definida, pero capaz de interpretar las demandas más diversas gracias a la brújula que representan los datos. Durante la campaña de 2016, la matemática Cathy O'Neil observó que, más allá del uso de datos, el propio Trump se había comportado en el fondo como una especie de algoritmo encarnado, al tuitear y bombardear al público con comentarios de todo tipo para, acto seguido, modificarlos según las reacciones.

Como *El inspector* de Gógol, el líder político se convierte en «un hombre hueco»: «*Los temas de su conversación le son otorgados por quienes lo interrogan: ellos son los que ponen las palabras en su boca y crean la conversación*». El único valor añadido que se le pide es el propio del contenido del espectáculo. «*Never be boring*»[7] es la única regla que Trump sigue estrictamente, lo que produce un sainete a diario, como el

7. N. del T.: en inglés en el original.

final en suspenso[8] de una serie de televisión que obliga al público a pegarse a la pantalla a la espera del siguiente episodio. En el fondo, el mérito histórico de Trump fue sobre todo comprender que la campaña presidencial era equiparable a un mediocre programa televisivo. Y la reflexión sigue valiendo hoy para el Donald versión *commander in chief*[9]. Beppe Grillo aplicó también el mismo método durante años. Sus reuniones constituían *one-man-shows*[10] en los que el público participaba como si estuviera en el teatro: los asistentes se indignaban, otras veces se dejaban llevar por la emoción, pero sobre todo reían. Y todo esto gratis...

Hoy en día, los príncipes del movimiento populista global aplican todos el mismo principio. Cada día trae su golpe de efecto: los tuits chocantes de Trump, la teatralidad de Nigel Farage, las entradas en Facebook de Matteo Salvini; apenas uno ha tenido tiempo para comentar sobre un evento y ya el siguiente lo está eclipsando. En la dialéctica de este proceso, la coherencia y la veracidad importan mucho menos que la magnitud de la resonancia, que abarca todo el espectro de opiniones: desde quienes se identificaban como simpatizantes de la izquierda radical hasta hace poco a los que pertenecen a la extrema derecha. Sin ninguna intención de moderarlos ni de agruparlos, sino por el contrario de radicalizarlos y sumarlos, según la lógica del experto en estadística que, para averiguar la temperatura media óptima, introduce la cabeza en el horno y los pies en el congelador.

---

8. N. del T.: el autor usa el término en inglés «cliffhanger» («colgado de un acantilado»), recurso narrativo que consiste en colocar a uno o varios personajes de la historia en una situación extrema.
9. N. del T.: en inglés en el original. Comandante en jefe.
10. N. del T: en inglés en el original. Espectáculo individual.

Mucho antes de Internet y las redes sociales, Peter Gay describía magistralmente la crisis de la República de Weimar como el colapso del centro del espectro político en el que los partidos moderados que lo habían ocupado habían sido reemplazados por extremistas. En la actualidad, los nuevos instrumentos digitales no hacen más que acelerar y reforzar la misma tendencia, que se manifiesta en todos los períodos de crisis y deslegitimación de las clases dominantes. Estamos, pues, en el proceso de redescubrir la manera en que las minorías intolerantes pueden determinar el curso de la historia. «*¿Cómo se consigue llegar al punto de que algunos libros sean prohibidos (o quemados)?* —se pregunta Nassim Nicholas Taleb—. *De ningún modo porque ofendan a la gente común: la mayoría de la gente deja hacer y no les da gran importancia, o al menos no tanta como para demandar su prohibición. Según la experiencia, basta con algunos activistas motivados para prohibir ciertos libros o poner a ciertas personas en la lista negra*». Ello ocurre porque una minoría intolerante, si bien reducida, es totalmente inflexible y no puede cambiar de opinión, mientras que una parte significativa del resto de la opinión pública es más maleable. A la luz de unas condiciones adecuadas y si el coste no es demasiado elevado, esta última podría dejarse arrastrar por la minoría intolerante y dar de paso la razón a John Stuart Mill, para quien «*para triunfar, el mal solo necesita la inacción de los hombres de bien*».

A partir de este principio, el físico francés Serge Galam fue uno de los pocos en prever la elección de Donald Trump. Si bien todos los analistas reiteraban que semejante candidato no podía ganar y que, en cualquier caso, una vez que ganara las primarias republicanas se vería obligado a moderarse para acercarse al centro político, Galam teorizó lo contrario: «*La victoria de Trump depende tanto de la existencia de una pequeña minoría de intolerantes como de la existencia de una gran mayoría de personas tolerantes que han reprimido, pero conservado, los prejuicios que Trump quiere reactivar con sus declaraciones provocativas*». En concreto, según Galam, cada vez que Trump causa un escándalo con una afirmación controvertida, agita al núcleo duro de los intolerantes y envía un mensaje al resto, lo que reduce el coste social de adherirse a los principios de los intolerantes. «*Una duda surge de la confrontación de argumentos opuestos. En ese momento, un grupo puede optar por apoyar a Trump, guiado por el prejuicio inconsciente reactivado, aunque sin la necesidad de identificarse formalmente con el prejuicio*».

En este contexto, la importancia de la minoría intolerante es fundamental. Para sembrar la duda dentro de la mayoría flexible, es necesario que el argumento radical obtenga una relativa masa crítica de apoyo. Es por ello que Trump y los otros populistas no pueden permitirse renegar de sus seguidores más extremos. Son ellos quienes constituyen la piedra angular de la movilización en su nombre.

Se trata de la lógica, conocida por los investigadores en ciencias sociales, de la teoría de la avalancha. Confrontados a una nueva opinión, nos interesamos por las fuentes y por las personas que conforman nuestro propio entorno de referencia: ¿es esta una opinión aceptable? ¿Se puede compartir con otros? ¿O debe en cambio rechazarse por falsa y engañosa? Para solventar dudas, nos dirigimos a los demás porque es parte de nuestra naturaleza como animales sociales y porque, en definitiva, es la respuesta más racional. En la mayoría de las cuestiones, carecemos de información de primera mano y debemos confiar en lo que interpretamos como la opinión dominante. No hemos verificado personalmente que la Tierra gira alrededor del Sol, que los nazis exterminaron a seis millones de judíos durante la Segunda Guerra Mundial o que las vacunas han erradicado las peores enfermedades de la historia humana, pero vivimos en sociedades en las que, al menos hasta tiempos muy recientes, estos hechos fueron ampliamente aceptados.

El umbral de resistencia frente a una nueva información u opinión varía entre personas. Algunos lo aceptan con mayor facilidad porque refuerza convicciones ya existentes, mientras otros tendrían un umbral de resistencia más elevado. Pero lo que queda claro es que, cuanto más aumente el número de personas que adopta una nueva idea (que las vacunas provocan autismo o que los refugiados son terroristas, por ejemplo), más cae la resistencia efectiva de quienes son más difíciles de convencer al respecto. Una vez lograda una cierta masa crítica, puede suceder que, de manera relativamente insensible, una comunidad adopte en su conjunto una opinión o un comportamiento que inicialmente apenas era compartido por una minoría cerrada en sí misma. Ha ocurrido en varias ocasiones durante el siglo XX y también es evidente en la actualidad, con Internet y las redes sociales, que parecen creadas a propósito para multiplicar una reacción en cadena cognitiva.

En Internet, el núcleo duro del fenómeno —sitios, blogs y páginas de Facebook extremistas— constituye la primera cascada que nutre el caladero electoral de Trump, Orban y Salvini. Por supuesto, en ocasiones puede suceder que una iniciativa fortuita sea responsable de todos los componentes de una noticia falsa, como también es posible que perfiles falsos y *bots* alimenten el flujo de la cascada.

De hecho, sucede a menudo, si bien el punto clave continúa siendo que los extremistas se han convertido, en todos los aspectos, en el centro del sistema. Son ellos quienes marcan el tono de la conversación.

Mientras en el pasado el juego político consistía en idear un mensaje capaz de aglutinar, en la actualidad se trataría de desunir de la manera más chocante posible. Para consolidar una mayoría ya no hace falta converger en torno al centro político, sino más bien sumar los extremos.

De vuelta a la física, el riesgo reside en que un sistema caracterizado por un movimiento centrífugo es, inevitablemente, cada vez más inestable. El principio vale tanto para los gases naturales como para los colectivos humanos. ¿Cuánto tiempo más será posible gobernar las sociedades plagadas de impulsos centrífugos cada vez más poderosos?

En el plano económico, el proceso de desintegración empezó hace treinta años, cuando la dinámica combinada de innovación tecnológica y mercados abiertos empezó a agrandar las desigualdades entre individuos.

Por lo que respecta a la información, el proceso es más reciente, pero ya muy avanzado. Hoy en día, la idea de una esfera pública en la que todos estén más o menos expuestos a la misma información (como ocurría en el pasado gracias a la difusión de periódicos y el ritual del telediario), casi ha dejado de existir.

Por último, la política sigue en la actualidad el mismo recorrido. Pasaría de la lógica centrípeta que todavía vislumbraba proyectos como la Tercera Vía de Clinton y Blair o las distintas formas de *compassionate conservatism*[11] de los Bush y de Cameron, a una estrategia centrífuga que agita y luego suma a los extremistas. Nos aproximamos peligrosamente al punto de ruptura.

11. N. del T.: en inglés en el original. Conservatismo compasivo.

Máxime cuando liberar los *animal spirits*[12] —los impulsos del público más inconfesables y violentos— es relativamente fácil, mientras que seguir el camino opuesto es mucho más difícil. Trump, Salvini, Bolsonaro y otros están destinados a decepcionar, tarde o temprano, las expectativas que han generado y a perder el consenso entre sus electores. Pero el estilo político que introdujeron, conformado por amenazas, insultos, alusiones racistas, embustes deliberados y teorías conspirativas, ha irrumpido en el centro político tras pasar décadas conminado a los márgenes del sistema.

Las nuevas generaciones que hoy observan la política reciben una educación cívica compuesta de comportamientos iliberales y consignas que influirán sobre sus actitudes futuras. Una vez rotos los tabúes, resulta imposible recomponerlos: cuando los líderes actuales pasen de moda, es poco probable que los votantes, acostumbrados a las drogas duras del nacional-populismo, soliciten de nuevo la manzanilla de los partidos tradicionales. Pedirán algo nuevo y puede que todavía más fuerte.

---

12. N. del T.: en inglés en el original.

Conclusión. La era de la política cuántica

Ronnie McMiller ha dedicado toda su vida a los felinos domésticos. Durante más de veinte años ha dirigido el Millwood Cat Rescue de Edwalton[1] para ofrecer refugio a los gatos abandonados del condado: los rescata cuando se encuentran desamparados y los cobija mientras dure el proceso de confiarlos a nuevas familias, que no faltan en la región (dada la inquebrantable pasión de los británicos por las mascotas).

Pero Ronnie ha notado últimamente un fenómeno extraño. Entre los felinos que acoge, la proporción de gatos negros ha aumentado de manera desproporcionada. Son mucho más numerosos que antes, lo que complica mucho su adopción entre las familias que buscan un animal de compañía.

Ronnie está perplejo. Los gatos negros siempre han tenido mala reputación al haber sido asociados a historias de mal fario y brujería, pero estas ideas parecían haber sido superadas definitivamente. ¿Han vuelto entonces las viejas supersticiones? No obstante, al observarlo con detenimiento, resulta que el fenómeno no concierne solo a los gatos negros, sino que afectaría a todas aquellas mascotas de pelaje oscuro. Por la razón que sea, parece que la gente quiere deshacerse de ellos y su readopción se ha complicado. «*¿No tiene usted de otro tipo?*» —le preguntan cuando anima a algún niño a llevarse a casa un lindo gatito negro o marrón atigrado—.

---

1. N. del T.: localidad de Nottinghamshire situada en la periferia sur de Nottingham, el mayor municipio de este condado del centro de Inglaterra.

Esta historia había sido un misterio para Ronnie, sobre todo porque tiene más de setenta años y hay algunas cosas que resultan difíciles de aceptar. Pero hace un tiempo, alguien finalmente le esclareció el misterio sin más, como si fuera lo más normal del mundo: «*En fin, qué se le va a hacer: los gatos oscuros no salen bien en los selfis. No se puede distinguir su forma, aparecen como una especie de masa informe, y ¿quién quiere lucirse con un pequeño monstruo negro en brazos, cuando los gatitos blancos y pardos son tan fotogénicos?*».

Ronnie se quedó sin palabras. Luego, no podría contener su enfado: ¿cómo es posible que la maldición que había pesado sobre los gatos negros desde los siglos oscuros de la Edad Media estuviera destinada a perpetuarse por un motivo tan frívolo? Fue entonces cuando decidió denunciar el fenómeno a la *Royal Society for the Prevention of Cruelty to Animals*, la ilustre institución que, durante casi dos siglos, ha velado por el bienestar de la fauna que tiene el privilegio de vivir en el Reino Unido. Y entonces, la segunda sorpresa.

El caso de Edwalton no era ni mucho menos un fenómeno aislado. Al parecer, todo el país se la había jurado a los gatos negros. Según los datos de la RSPCA, tres cuartas partes de los felinos alojados en refugios británicos son de color oscuro, una proporción que ha ido en aumento en los últimos años. En todo el país, los súbditos de Su Majestad, ocupados en fotografiarse frenéticamente como el resto de los habitantes de la tierra, rechazan en masa a los gatos menos fotogénicos. Pero las víctimas de la cultura selfi no se cuentan solo entre los felinos.

En la era del narcisismo de masas, es probable que la democracia representativa se encuentre más o menos en la misma situación que los gatos negros. No en vano, su principio fundamental, la intermediación, contrasta con el espíritu de los tiempos y con las nuevas tecnologías que posibilitan la desintermediación en todos los ámbitos. Así, sus tiempos, necesariamente dilatados al basarse en la exigencia de establecer compromisos, suscitan la indignación de los consumidores, acostumbrados a ver sus demandas satisfechas a golpe de clic. E incluso cuando se analiza con mayor detalle, la democracia representativa se muestra como una maquinaria diseñada para dañar el ego de los adictos al selfi. ¿Qué quieres decir con el voto es secreto? Las nuevas convenciones consienten —o más bien afirman— que cualquiera pueda ser fotografiado en cualquier ocasión, desde un concierto de rock a un funeral. Pero, cuando uno intenta hacer lo mismo en la cabina de votación, ¿todo se anula? ¡Pero, bueno, ese no es el tratamiento al que Amazon y las redes sociales nos han habituado!

Los nuevos movimientos populares y nacionalistas también se nutren de esta insatisfacción y no es casual que casi siempre emplacen en el núcleo de su programa la intención de hacer que la democracia representativa siga los mismos derroteros que el gato negro.

Como hemos visto, la instauración de una democracia directa por medios electrónicos, que tomaría el relevo del viejo sistema parlamentario, es la razón de ser del Movimiento 5 Estrellas, la gran idea de Gianroberto Casaleggio a la que su hijo no parece haber renunciado. El gobierno de Míster[2] Conte posibilitó, por cierto, el extraño oxímoron de un «ministro a cargo de las Relaciones con el Parlamento y la Democracia directa». A su vez, los chalecos amarillos franceses han hecho del referéndum de iniciativa ciudadana en todos los ámbitos el núcleo de su propuesta política.

2. N. del T.: en inglés en el original.

Sin embargo, más allá de los programas electorales, hay que tener en cuenta que la oferta de participación de los nuevos movimientos populistas a sus simpatizantes es ya de por sí una propuesta de superación de la democracia representativa. Este aspecto escapa casi siempre al análisis de los observadores, pero es fundamental para entender la atracción de estos movimientos. Si la voluntad de participar procede casi siempre de la indignación, la experiencia de participar en el Movimiento 5 Estrellas, la revolución trumpiana o el movimiento de los chalecos amarillos es, para los participantes, una experiencia gratificante y a menudo festiva.

Las imágenes de los chalecos amarillos que dieron la vuelta al mundo son las de la violencia en los Campos Elíseos y el pillaje de los comercios. Sin embargo, en las redes sociales también se difundieron numerosas escenas festivas, con manifestantes bailando en rotondas al ritmo de melodías populares y disfrutando de las ocurrencias de unos y otros. Para quienes viven en condiciones de aislamiento real, unirse al carnaval populista implica formar parte de una comunidad y, en cierto modo, transformar sus vidas incluso cuando no se logran los objetivos políticos de la iniciativa.

Al constatar el fracaso general del movimiento por la independencia de Cataluña, Astrid Barrio destacaba la satisfacción emocional que los activistas a favor de la independencia han logrado pese a todo, ya que «*muchas de sus acciones, que tienen una indudable naturaleza lúdica y festiva, contribuyen a crear lazos de amistad y de solidaridad que convierten el activismo no en una actividad de riesgo, a excepción del 1 de octubre, sino en una actividad placentera*».

En la retórica de las 5 Estrellas, como en los mítines de Trump, se oculta una especie de enseñanza de desarrollo personal que pretende liberar las energías del individuo tras permanecer reprimidas durante demasiado tiempo. «*La clave del éxito de Trump* —escribe Matt Taibbi— *es la idea de que las viejas del decoro son para los perdedores sin agallas, el coraje y la "trumpitud" para ser simplemente ellos mismos*». Es un mensaje liberador, poderoso, perfectamente en línea con la era del narcisismo de masas.

Más allá de la dimensión física, es en el campo virtual que la adhesión a los movimientos nacionalpopulistas encuentra su realización más completa. Allí, los algoritmos desarrollados por los ingenieros del caos dan a todos la impresión de formar parte del núcleo de un levantamiento histórico y de haberse convertido en actores de una historia que creían estar condenados a sufrir de manera pasiva.

«Recuperar el control», el eslogan del Brexit, que es también el argumento principal de todos los movimientos nacionalpopulistas, se basa en un instinto humano primitivo. Al entrevistar a los supervivientes de los campos de concentración, Bruno Bettelheim descubrió que los supervivientes eran en su mayoría aquellos que habían logrado establecer un área de control —incluso imaginaria— sobre su vida diaria en los campamentos. Los psicólogos que estudian a los mayores en las residencias de ancianos han hecho la misma observación. Cuando se permite a los moradores de estas instituciones nimiedades como elegir un cuadro o mover un mueble, viven más y mejor que cuando deben someterse a condiciones de vida ajenas a su voluntad.

Este deseo de control es tan intenso que nos acompaña incluso cuando pretendemos abandonarnos al azar. Quien juega a los dados, por ejemplo, quiere lanzarlos él mismo. Y, en el supuesto de que el resultado se mantuviera en secreto, estaría dispuesto a apostar sumas mucho más altas antes de lanzarlos que después. Lo mismo ocurre con otros juegos. Quien desea comprar un billete de lotería prefiere elegirlo. Quien lanza una moneda al aire prefiere hacerlo él mismo. Es la importancia del control, un instinto tan arraigado en el ser humano que nunca lo abandona, ni siquiera cuando juega a la ruleta.

En esencia, la democracia no es más que eso. Un sistema que permite a los miembros de una comunidad ejercer un control sobre su propio destino. Es también el no sentirse a merced de los acontecimientos ni de ninguna fuerza superior. Garantizar la dignidad de individuos autónomos, responsables de sus propias decisiones y de las consecuencias de estas. De ahí la dificultad de hacer la vista gorda si, en todas partes, los votantes sienten haber perdido el control de su destino, debido a fuerzas que amenazan su bienestar sin que las clases dominantes muevan un dedo para ayudarlos.

Los ingenieros del caos han sabido leer que este malestar podría convertirse en un recurso político formidable y han usado su magia —más o menos negra— para multiplicarlo y orientarlo en la dirección que mejor se amolde a sus propósitos. En cuanto al programa, la respuesta que los nacionalpopulistas dan a la pérdida de control es la tradicional: el aislamiento. Cerrar las fronteras, abolir los tratados de libre comercio, proteger a los que permanecen en el interior con un muro —metafórico o real— que marque distancias con el mundo exterior. Pero, como hemos tratado de mostrar hasta ahora, en términos de formas e instrumentos, los ingenieros del caos han tomado una importante ventaja. En palabras de Woody Allen, en la era del narcisismo tecnológico, «*los malos han comprendido algo que los buenos no saben*».

El personaje de Dominic Cummings, interpretado por Benedict Cumberbatch en una notable serie de ficción sobre el Brexit, resume cómo la ira contemporánea puede ser explotada a través de las nuevas tecnologías. «*Es como si nos encontráramos en una plataforma petrolífera, encima de todos esos ocultos yacimientos de energía acumulados, durante una eternidad en las profundidades submarinas. Todo lo que tenemos que hacer es averiguar dónde están, perforar y abrir la válvula para liberar la presión*».

Para lograr este resultado, los ingenieros del caos han recurrido en ocasiones a medios ilegales. La campaña del Brexit se encuentra bajo investigación por el uso indebido de datos recabados por AggregateHQ, que permitieron el envío de más de mil millones de mensajes personalizados a los votantes británicos durante la campaña.

Es probable que este tipo de abusos se multipliquen a medida que los ingenieros del caos accedan al poder. En Gran Bretaña, después de aterrizar en Downing Street en calidad de principal asesor de Boris Johnson, Dominic Cummings ha creado una desmesurada campaña de comunicación oficial a favor del Brexit, además de centralizar los datos de todos los sitios de la Administración británica para poder enviar mensajes a medida a todos y cada uno de los súbditos de Su Majestad. En la India, el partido nacionalpopulista en el Gobierno, BJP, ha realizado un esfuerzo aún mayor: el obsequio de teléfonos inteligentes a jóvenes y mujeres con la excusa de reducir la desigualdad, para bombardearlos a continuación con mensajes de propaganda sesgada a favor de los candidatos del partido.

Pero, más allá de los abusos, la fuerza de los ingenieros del caos ha radicado sobre todo en rememorar que la política no está compuesta solo de números e intereses. Quizá nos adentremos en un mundo nuevo, pero algunos fundamentos siguen siendo los mismos. No basta con ser el primero de la clase para ganar, sino saber liderar el camino y, ante todo, avivar pasiones. La capacidad de liderazgo y el brío de una visión política propia siguen siendo determinantes. No puede haber un proyecto político victorioso que no incorpore el deseo contagioso de querer transformar la realidad, incluso para realizar la involución que desea la mayoría de los nacionalpopulistas.

En una generación, los progresistas han pasado de un «anteponed vuestros sueños a la realidad» a un «anteponed la realidad a vuestros sueños». Durante su mandato, y con su propia connivencia, Barack Obama hizo de la transición desde el eslogan inicial «*yes we can*», al «*don't do stupid stuff*»[3] —no metas la pata—, su modelo de conducta en la Casa Blanca.

Las fuerzas moderadas, progresistas y liberales seguirán menguando mientras sean incapaces de proponer una visión motivadora del futuro, capaz de proporcionar una respuesta convincente a lo que Dominique Reynié ha llamado la «crisis patrimonial»: el temor cada vez más generalizado a perder a la vez el patrimonio material —el nivel de vida—; y el patrimonio inmaterial —el estilo de vida—.

El propósito de este libro, reitero, no es negar la importancia de las respuestas concretas a esta crisis. Sin embargo, la historia nos muestra cómo el mayor reformista del siglo XX, Franklin Delano Roosevelt, optó por combinar su visión política con una forma diferente de entender la comunicación política, lo que le ayudó a evitar el triunfo de los populistas de su época. A inicios de la década de 1930, el New Deal marcó el nacimiento de una *New Politics*[4], una nueva política que adoptó técnicas de marketing y relaciones públicas desarrolladas en el sector privado para satisfacer las expectativas y las demandas de los votantes. Fue entonces cuando aparecieron los primeros propagandistas contemporáneos, que cuentan a nuestros ingenieros del caos entre sus distantes imitadores.

---

3. N. del T.: en inglés en el original.
4. N. del T.: en inglés en el original.

En la actualidad, la irrupción de Internet y las redes sociales en la política transforma una vez más las reglas del juego y, paradójicamente, a medida que depende de cálculos cada vez más sofisticados, corre el riesgo de producir efectos cada vez más impredecibles e irracionales. Interpretar esta transformación requiere un auténtico cambio de paradigma. Un poco como los científicos del siglo pasado, quienes se vieron obligados a abandonar posiciones de certidumbre —cómodas pero engañosas— de la física newtoniana para comenzar la exploración de la mecánica cuántica —inquietante y, a la vez, capaz de describir mejor la realidad—, es necesario aceptar ahora el fin de las viejas lógicas políticas.

En su época, la física newtoniana se basó en la observación a simple vista o con telescopio. Describía un universo mecánico y gobernado por leyes inmutables, en el que ciertas causas producían ciertas consecuencias. A principios del siglo XX, los científicos todavía creían que la unidad última e indivisible de la materia estaba representada por el átomo, una partícula con propiedades estables y, por tanto, predecible en cada uno de sus comportamientos. Luego, los descubrimientos de Max Planck y del resto de fundadores de la física cuántica pusieron patas arriba esta visión reposada de la realidad.

Hoy sabemos que los átomos se pueden dividir y que ellos mismos contienen partículas cuyo comportamiento es en gran medida impredecible: deambulan de manera errática y tienen una identidad tan débil que el mero hecho de observarlas modifica su comportamiento.

La física cuántica acumula paradojas y fenómenos que desafían las leyes de la racionalidad científica. Revela un mundo en el que nada es estable y donde una realidad objetiva no puede existir, pues, inevitablemente, cada observador la adapta a su punto de vista personal. En esta dimensión, las interacciones son más importantes que las propiedades intrínsecas de cada objeto, y varias verdades contradictorias pueden coexistir sin que una de ellas anule necesariamente a otras.

Del mismo modo, la política newtoniana se adaptó a un mundo más o menos racional, controlable, donde una acción era correlativa a una reacción y donde los votantes podían ser percibidos como átomos con afiliaciones ideológicas, de clase o de territorio, de las que derivaban opciones políticas definidas y coherentes. En cierto modo, la democracia liberal es una construcción newtoniana, basada en la separación de poderes y la idea de que es posible —tanto para gobernantes como para gobernados— tomar decisiones racionales basadas en una realidad más o menos objetiva. Llevado a sus últimas consecuencias, se trata del razonamiento que podría haber llevado a Francis Fukuyama[5] a proclamar el fin de la Historia tras la caída del muro de Berlín.

Con la política cuántica, la realidad objetiva no existe. Cada cosa se define, temporalmente, en relación con otra cosa y, sobre todo, cada observador determina su propia realidad. Como ha declarado el expresidente de Google, Eric Schmidt, en este nuevo contexto es cada vez más raro acceder a contenido que no esté hecho a medida. Los algoritmos de Apple, Facebook y la propia Google garantizan que cada uno de nosotros reciba la información que nos interesa. Y si, como dice Zuckerberg, estamos más interesados en que una ardilla se encarame al árbol frente a nuestra casa que en las hambrunas en África, el algoritmo se asegurará de bombardearnos con todo tipo de novedades sobre la población de roedores de las inmediaciones y

5. N. del T.: Fukuyama, Francis: *El fin de la Historia y el último hombre*. Free Press (Simon & Schuster), Nueva York, 1992.

eliminará de paso cualquier referencia a lo que ocurra en la otra orilla del Mediterráneo.

Así, en la política cuántica, la versión del mundo que cada uno de nosotros ve permanece literalmente oculta a ojos de los demás. Este fenómeno dificulta cada vez más la posibilidad de alcanzar consensos. Según la sabiduría popular, para entenderse sería necesario «ponerse en el lugar del otro», pero en la realidad de los algoritmos esta operación se ha vuelto imposible. Cada uno de nosotros camina en su propia burbuja en cuyo interior se escuchan unas voces determinadas y no otras, donde unos hechos existen y otros no. Y no tenemos ninguna posibilidad de salir de ella, ni mucho menos intercambiarla con otra persona. «*Parecemos unos chalados, los unos para los otros*», dice Jaron Lanier, y está en lo cierto. Porque lo que nos divide ya no son nuestras opiniones sobre los hechos, sino los propios hechos.

En la vieja política newtoniana, la advertencia de Daniel Patrick Moynihan —«*Todo el mundo tiene derecho a sus propias opiniones, pero no a sus propios hechos*»—, todavía podía conservar algún valor, pero en la política cuántica este principio ya no es viable. Y cualquiera que se esfuerce por rehabilitarlo en oposición a los Salvini y a los Trump, está destinado a perder.

La política cuántica está repleta de paradojas: los multimillonarios se convierten en abanderados de la indignación de los desposeídos, los responsables de las políticas públicas hacen de la ignorancia una virtud, los ministros desafían los datos de su propia Administración. El derecho a contradecirse y a marcharse —que Baudelaire había reivindicado para los artistas— se ha convertido, para los nuevos políticos, en el derecho a contradecirse y a permanecer en el cargo, al apoyar una cosa y lo contrario en una sucesión de tuits y de entradas de Facebook que construyen, ladrillo a ladrillo, una realidad paralela para cada uno de sus seguidores.

Por tanto, ya no sirve reivindicar las viejas reglas del juego en la política newtoniana. «*La política cuántica* —ha escrito Antonio Ereditato en su último libro— *es una teoría física indigerible porque entra en conflicto de manera dramática con nuestra intuición y con la manera en que hemos percibido el mundo durante siglos*». Sin embargo, los físicos no se han rendido. Armados de paciencia y curiosidad, han empezado a explorar las coordenadas del nuevo mundo al que los descubrimientos de Max Planck y compañía los habrían precipitado.

En política, esta actitud coincide exactamente con el espíritu invocado por otro gran reformista, John Maynard Keynes, cuando, tras la Primera Guerra Mundial y la Revolución soviética, se dirigió a los jóvenes liberales que asistían a su *Summer School*[6]:

«*Casi toda la sabiduría de nuestros hombres de Estado está basada en suposiciones que fueron ciertas en su época, o en parte ciertas, y que cada día que pasa lo son un poco menos. Debemos inventar una nueva sabiduría para una nueva era. Y, al mismo tiempo, si queremos reconstruir algo consistente, apareceremos como heréticos, inapropiados, peligrosos y desobedientes a ojos de todos los que nos han precedido*».

Es en este espíritu, a la vez creativo y subversivo, en el que todos los demócratas deberán ampararse para reinventar las formas y los contenidos de la política de los próximos años, si quieren defender sus valores y sus ideas en la era de la política cuántica.

6. N. del T.: en inglés en el original. Escuela de verano.

Epílogo

El 23 de octubre de 2019, el mundo no estaba del todo fuera de sí. El COVID y la guerra de Ucrania aún no habían convertido nuestras vidas en el interminable episodio piloto de una serie de televisión distópica. Pero Donald Trump ya era presidente de Estados Unidos, y ese día, de visita en Pittsburgh para asistir a una cumbre sobre energía, decidió permitirse una de sus digresiones favoritas: «Estamos construyendo un muro», entonó ante un auditorio abarrotado. «Estamos construyendo un magnífico muro en Colorado, un muro muy alto que, si funciona bien, no se podrá pasar por encima ni por debajo». En las imágenes de ese momento, el presidente, de pie tras el atril marcado con el emblema de la Casa Blanca, parece bastante satisfecho consigo mismo y el público no lo está menos, a juzgar por los vítores que se oyen de fondo. El único problema es que Colorado no tiene frontera con México. Sí que la tiene con Nuevo México, pero Nuevo México forma parte de Estados Unidos, por lo que la idea de construir un muro contra la inmigración ilegal en esta frontera resulta obviamente surrealista.

No hace falta decir que, en las horas siguientes, periodistas, comentaristas y académicos compitieron entre sí para expresar su indignación por la ignorancia del presidente. Sin embargo, pensándolo bien, con esta metedura de pata absurda, de las que ya existían docenas, Trump consiguió al menos cuatro objetivos políticos de un plumazo. En primer lugar, al mencionar el imposible muro de Colorado, el presidente logró una vez más situar su tema favorito —el gran muro contra los migrantes— en el centro de la agenda política. En segundo lugar, como de costumbre, la indignación despectiva de los medios de comunicación y de las élites político-académicas confirmó su condición de *outsider* que lucha contra el *establishment* de los enemigos del pueblo. En tercer lugar, en un mundo de tecnócratas acorralados por condicionantes externos y para quienes nunca se puede hacer nada, el presidente ha restablecido la primacía de la política, hasta el punto de doblegar la realidad y la geografía, a su voluntad. Por último, teniendo en cuenta que las *fake news*, al igual que las teorías conspirativas, son un poderoso vector de identidad, cada una de las «meteduras de pata» de Trump es una oportunidad para galvanizar a sus tropas: para saber que Colorado no comparte frontera con México, no hace falta pertenecer a una tribu política; para creer que Trump está construyendo su muro en esta frontera inexistente, hay que ser un verdadero simpatizante.

Esta lógica perversa, nacida de la unión de la rabia y los algoritmos, que trastoca todos los valores y reglas de la política, es la que exploré hace cuatro años cuando se publicó por primera vez *Los ingenieros del caos*. Un año después de la publicación del libro, en 2020, el estallido de la pandemia de COVID-19 cambió aparentemente las reglas del juego.

La mayoría de los líderes nacional-populistas reaccionaron a la crisis aumentando el nivel de caos. Vimos a jefes de Estado como el propio Trump y a su digno compatriota, Bolsonaro, ridiculizando a las más altas autoridades médicas y atacando a los representantes electos que intentaban aplicar medidas sanitarias a nivel local, en un intento desesperado de seguir encarnando el espíritu carnavalesco que los había llevado al poder. Esta vez, sin embargo, la mayor parte de la opinión pública no los siguió y prefirió confiar su salud a los tan denostados expertos y líderes moderados que proponían seguir sus recomendaciones. Además, por primera vez, las grandes plataformas digitales intentaron limitar la difusión de las *fake news* más incendiarias y suprimieron determinadas cuentas, posts y tuits. Privados de sus temas favoritos —inmigración e inseguridad— y prisioneros de su retórica antisistema, los principales movimientos nacional-populistas sufrieron importantes reveses durante el periodo del COVID. En casi todas partes, los años 2020-2021 coincidieron con el revés electoral de los ingenieros del caos y el advenimiento de líderes moderados, desde Joe Biden hasta Mario Draghi.

Sin embargo, a pesar de estos acontecimientos, no se ha hecho realidad la ingenua predicción de quienes pensaban que la crisis del COVID marcaría una vuelta a la cordura, el fin del carnaval nacional-populista y una revalorización de las competencias a todos los niveles de la sociedad. Al contrario, la pandemia no ha hecho más que acelerar el despliegue de esta política cuántica cuyos contornos he intentado esbozar en el último capítulo de este libro. Confinados en nuestras cápsulas digitales, sumergidos en un flujo incesante de información, todos hemos empezado a parecernos cada vez más a Lord Chandos de Hofmannsthal, quien, cuando quiere regañar a su sobrina de cuatro años por decir una mentira, ve cómo la verdad se descompone en fragmentos que «a su vez también se fragmentan» sin que ya nada «se deje encerrar en un concepto» tan sólido como el de la «verdad» y recuerda: «Las palabras flotaban aisladas a mi alrededor, se congelaban, se convertían en ojos que me miraban fijamente y yo tenía que devolverles la mirada: torbellinos, eso es lo que son, sumergir mi mirada en ellos me daba vértigo, y giraban sin cesar, y a través de ellos llegábamos al vacío».

Es este vértigo el que alimenta las estrategias de los ingenieros del caos, que han aprovechado la pandemia para adentrarse en nuevos territorios, empezando por el sector sanitario, que se ha convertido en el caldo de cultivo favorito de todo tipo de conspiraciones: desde los orígenes del virus hasta los remedios milagrosos mantenidos en secreto, pasando por las vacunas y los poderes ocultos que las producen. El período del COVID también ha permitido a la derecha radical completar su asombrosa mutación en un movimiento que, al tiempo que reclama la restauración de la autoridad y los valores tradicionales, libra una batalla libertaria y transgresora, mientras se erige en defensora de la libertad individual frente a la represión sanitaria hasta el punto de comparar, en un cortocircuito alucinante, a los antivacunas actuales con los judíos obligados a llevar la estrella de David bajo el nazismo. Así es como, durante la pandemia, la rebelión se desplazó definitivamente hacia la derecha, frente a una izquierda que hacía tiempo que no hacía más que imponer límites y restricciones en nombre de lo políticamente correcto o de la ecología.

Todo y lo contrario de todo. Autoridad y subversión, valores tradicionales y memes de *influencers*, Dios, patria y videojuegos: si bien es en Internet donde el algoritmo ha permitido que «buzz», «shares» y «likes» primen sobre cualquier forma de coherencia, en los últimos años el carnaval orquestado por los ingenieros del caos se ha trasladado cada vez más al mundo real. El 6 de enero de 2021, fuimos testigos del asalto al Capitolio por una manada de payasos, paramilitares, hombres de familia y supremacistas blancos, mientras se tomaban selfis alegremente. Este golpe de pacotilla se saldó, sin embargo, con cinco muertos y cientos de heridos. La hazaña se repitió dos años más tarde, cuando los partidarios del presidente saliente Bolsonaro invadieron no solo el Parlamento, sino también la Presidencia de la República y la sede del Tribunal Supremo (justo el primer día del carnaval de Río...).

Una vez importadas al mundo real, las nuevas reglas de la política cuántica siguen actuando con toda su fuerza. Mientras que, en el pasado, manifestaciones tan extremas habrían obligado a cualquier líder político a distanciarse para preservar sus posibilidades de volver al gobierno, hoy la lógica de las plataformas de Internet que premian los comportamientos más extravagantes y penalizan a los moderados se ha trasladado al mundo real. Así, los ingenieros del caos multiplican los guiños a los violentos, porque saben que así consiguen el doble resultado de galvanizar al núcleo duro de los extremistas y rebajar el coste de adherirse a las ideas más extremas para el resto.

Si Steve Bannon, cuando le conocí en la suite de su hotel en Roma, se limitaba a contrastar la vida real de Dave, un gris contable del Medio Oeste, con su vida *online*, en la que podía alcanzar cotas de heroísmo dignas de un personaje de la mitología griega, hoy el propio Bannon afirma que «Dave el contable puede convertirse en un héroe en la vida real». Por eso, en su programa War Room, emitido como *podcast* cinco días a la semana, Bannon escenifica tres niveles de activismo en la vida real que recuerdan a los de un videojuego: la camarilla, la dirección y la vanguardia. Solo que, en este caso, lo que está en juego no es un trofeo virtual, sino el fin de la democracia estadounidense.

Las condiciones políticas en Europa son muy diferentes de las de Estados Unidos y Brasil. Pero aquí también, como organismos mutantes que se adaptan a los cambios del entorno en el que viven, los ingenieros del caos han emergido aún más fuertes de la pandemia que se suponía que iba a exterminarlos. El COVID y la guerra de Ucrania a partir de la primavera de 2022 obligaron a los movimientos nacional-populistas a realizar una serie de acrobacias bastante espectaculares. De hecho, a pesar de todas las dificultades, las instituciones europeas han demostrado ser capaces de reaccionar cada vez con mayor rapidez ante los acontecimientos. Mientras que, en 2008 se tardó más de un año en dar una respuesta coordinada a la crisis de la deuda griega, esta vez la Unión Europea ha logrado coordinar la acción de sus miembros, tanto en materia sanitaria como financiera, en un plazo mucho más breve. Ante una crisis sin precedentes, los ciudadanos de la Unión han podido comprobar los beneficios tangibles de la acción conjunta de los Estados miembros, incluso en un ámbito como la sanidad, que no es competencia directa de la Unión Europea. En vez de una amenaza, la UE empezó a ser vista como un instrumento de protección, un sentimiento que se vio reforzado cuando algunos de los países más afectados por la pandemia, como Italia, pudieron beneficiarse de la solidaridad financiera inaugurada por el Plan Europeo de Recuperación. Cuando las tropas rusas invadieron Ucrania el 24 de febrero de 2022, la respuesta europea fue aún más rápida. Bastaron apenas unos días para definir una línea común que, aunque sometida a duras pruebas, ha sobrevivido hasta hoy. En este nuevo contexto, en el que por primera vez en décadas los países europeos se enfrentan a la posibilidad de una guerra a gran escala en su territorio, la Unión se perfila como un vector de cohesión y protección.

Estos acontecimientos han tenido un profundo impacto en la dinámica política europea. Aunque los movimientos nacional-populistas de varios Estados miembros no han dejado de existir e incluso están en alza, como hemos visto en las elecciones de Francia, Suecia e Italia, su actitud hacia la Unión Europea ha cambiado. A diferencia de hace unos años, nadie propone abandonar la Unión ni la zona euro. En las elecciones italianas de octubre de 2022, el único partido que se mantuvo a favor del «Italexit» obtuvo el 1,9 % de los votos. Al mismo tiempo, la mayoría de las fuerzas políticas europeas que habían mantenido relaciones, a veces financieras, con el régimen ruso se vieron obligadas a distanciarse de Putin.

El resultado es el nacimiento de lo que Gilles Gressani denomina «tecno-soberanismo», que encontró su primera expresión en la victoria de Giorgia Meloni en Italia. Se trata de una nueva fórmula política, una síntesis entre la aceptación de la lógica tecnocrática de la Unión Europea y el marco geopolítico de la Alianza Atlántica, por un lado, y, por otro, la insistencia en valores muy conservadores y la guerra cultural a favor de una Europa «tradicional y cristiana», de la que Meloni y los demás líderes nacional-populistas han hecho bandera. De acuerdo con esta estrategia, el nuevo Gobierno italiano intenta evitar cualquier confrontación directa con las instituciones europeas, al tiempo que persigue internamente una línea fuertemente antiliberal, no muy distinta de la adoptada por Viktor Orban en Hungría y por el Partido Ley y Justicia (PiS) en Polonia. Es un acto en la cuerda floja que requiere que la jefa del Gobierno italiano viaje a Bruselas en su primera visita oficial mientras bloquea un barco de migrantes en la costa siciliana, que practique el rigor presupuestario mientras fomenta el retorno de las transacciones en efectivo y que siga las medidas anti-COVID mientras guiña el ojo a los activistas antivacunas. Los ejemplos podrían multiplicarse hasta el infinito, pero al final no hay nada muy sorprendente: la estrategia de los ingenieros del caos que importan la lógica de las plataformas de Internet a la política permite desafiar las leyes de la gravitación conciliando lo irreconciliable. No es casualidad, por otra parte, que el responsable de comunicación digital de Giorgia Meloni haya sido un antiguo empleado de Casaleggio Associati, una empresa a la que hemos visto desempeñar un papel pionero en la ingeniería del caos italiana.

Por consiguiente, no es descartable que Italia vuelva a desempeñar su papel de Silicon Valley del populismo, exportando más allá de sus fronteras la fórmula del tecnosoberanismo que ha permitido a Meloni pasar de la periferia al corazón del poder en solo cuatro años. En vísperas de las elecciones presidenciales francesas de 2022, Raphaël Llorca ya ha destacado el paso de Marine Le Pen «del shock a la suavidad», y su deseo, ante el cansancio de la opinión pública, de hacer una campaña tranquilizadora, en contraste con su campaña de 2017, muy agresiva. Del mismo modo, algunos predicen que el nacional-populismo de pacotilla de Donald Trump dará paso a una ola de populistas más estructurados, liderados por figuras como el gobernador de Florida, Ron DeSantis y el presentador de televisión, Tucker Carlson. Al fin y al cabo, como dice Bannon, si «Trump fue el ariete necesario para romper la armadura del sistema», ahora es posible imaginar que alguien más convencional ocupe su lugar para rematar la faena.

Este riesgo es tanto mayor cuanto que no parece que las fuerzas moderadas hayan encontrado un antídoto eficaz contra las tácticas incendiarias de los ingenieros del caos. En la mayoría de los casos, el agotamiento de la primera oleada de líderes «caóticos» —Trump, Salvini, Bolsonaro— no ha hecho sino llevar al poder a representantes del viejo *establishment* político-administrativo —Biden, Draghi, Lula—, más por un efecto mecánico de rebote que por la ola de un nuevo impulso. En estos casos, las fuerzas moderadas se han contentado con suavizar las cosas gracias a una estrategia de apaciguamiento llevada a cabo por líderes de mayor edad, prácticamente ausentes de los medios digitales sobre los que los ingenieros del caos habían construido su ascenso. En otros casos, algunos líderes jóvenes —Renzi, Macron— han intentado coger el toro por los cuernos adoptando elementos de una comunicación de corte populista, con la idea de interceptar la energía producida por la combinación de ira y algoritmos, y ponerla al servicio de un proyecto político moderado. Estos experimentos están todavía en curso, con resultados muy desiguales, y es difícil decir por el momento si representan el comienzo de un posible antídoto contra el caos nacional-populista o una trampa diseñada para aumentar aún más el nivel de populismo caótico en la atmósfera.

Lo cierto es que el reto que plantean los ingenieros del caos a la comunicación política no es solo técnico. No solo porque, como subrayamos en la introducción, si el propósito de este libro es centrarse en las formas en que los ingenieros del caos convierten el enfado de los votantes en un arma política, está claro que las causas subyacentes a ese enfado son muy reales y requieren respuestas políticas. Pero incluso si nos centramos únicamente en la comunicación, la ofensiva de los ingenieros del caos plantea un problema que va más allá de la simple necesidad de que sus oponentes mejoren su capacidad de comunicación en las redes sociales o promuevan formas de regulación que hagan a las plataformas responsables de los contenidos que transmiten.

Los mensajes urdidos por los ingenieros del caos basan su fuerza en evocar los sentimientos de miedo y pérdida ante los cambios que recorren nuestras sociedades. En un seminario organizado por el *think tank* Global Progress, en Copenhague en otoño de 2019, el asesor de estrategia política holandés Hans Anker enumeró todas las cosas que los defensores del cambio dan la impresión de querer arrebatar a la gente corriente.

He aquí la lista:

«Chimeneas, coches diésel, aseos para hombres, aseos para mujeres, música alta en las discotecas, máquinas de refrescos en la escuela, hogueras de Pascua, árboles de Navidad, filetes, chistes verdes, chistes sobre belgas,[1] cigarrillos, fronteras, disfraces infantiles de vaqueros, disfraces infantiles de indios, viajes en avión, sal, huevos de Pascua, fuegos artificiales, Papá Noel, comida rápida, bombillas, lámparas fluorescentes, lámparas halógenas, peleas de gallos, barbacoas, calefactores de exterior, cuencos de peces de colores, muñecas, muñecos, azúcar, pan blanco, hidratos de carbono, foie gras, conducir a 130 km/h, alimentar a animales salvajes, globos de fiesta, y mucho, mucho más...».

Esta lista idiosincrásica, a la que sería fácil añadir muchos más elementos, da una idea de la magnitud del reto. La única posibilidad de escapar a las garras de los ingenieros del caos consiste en afirmar una visión motivadora del futuro y sustituir el miedo por el deseo, lo negativo por lo positivo. Pero si miramos a nuestro alrededor, la prevalencia de las narrativas negativas parece abrumadora. No es solo una fase, ni se debe solo a la política. Ocurre lo mismo en todos los ámbitos: en el

1. N. de la T.: Se trata de chistes que suelen hacer los franceses sobre los belgas. Este tipo de humor juega con estereotipos y, a menudo, presenta a los belgas como personas ingenuas o poco inteligentes, aunque sin malicia explícita. Sin embargo, como con cualquier tipo de broma basada en estereotipos, es importante ser consciente del contexto.

mundo de los medios de comunicación, las malas noticias superan a las buenas; en el cine y la televisión, las distopías y las películas y series de catástrofes superan a los escenarios optimistas. Esto no es cíclico, sino estructural. Durante milenios, los seres humanos han vivido en un mundo plagado de peligros mortales en el que el coste de reaccionar de forma exagerada ante una amenaza era menor que el de hacerlo de forma insuficiente. Por eso, incluso hoy, nuestra atención se ve atraída espontáneamente por las malas noticias y las historias pesimistas, en detrimento de las visiones positivas.

Las historias negativas captan nuestra atención con facilidad, activan el cerebro reptiliano que nos conduce a luchar o a huir. El paso de lo negativo a lo positivo es necesario para generar un deseo real de cambio, pero lo cierto es que este cambio casi siempre produce un descenso de la energía. Ya sea en una librería, en un cine, en Twitter (X) o en un mitin político, las visiones distópicas y las narrativas negativas tienen mayor peso que el optimismo. Y quienes intentan presentar argumentos positivos corren el riesgo de encontrarse siempre con una educada indiferencia.

Producir mensajes e historias positivas no es difícil en sí mismo. Lo difícil es garantizar que contengan la energía suficiente para captar la atención de las personas a las que van dirigidos e implicarlas activamente. La dinámica tóxica de los medios digitales hace que este reto sea aún más difícil, pero en sí mismo no es fundamentalmente nuevo. En todas las épocas, los introductores de nuevos órdenes, como los llamaba Maquiavelo, han debido enfrentarse a una importante desventaja desde el principio, en comparación con quienes se contentaban con agitar los prejuicios y el miedo. Pero en todas las épocas —y en todos los ecosistemas mediáticos, desde las señales de humo hasta nuestros días— los líderes y los movimientos han encontrado la manera de superar este obstáculo. Por eso se equivocaba el ingeniero del caos que sugería a los aspirantes a políticos que olvidaran la historia y se concentraran en la física. Si Dominic Cummings hubiera estudiado un poco más de historia, quizá seguiría en Downing Street. En contra de sus promesas, la llegada de la tecnología digital y el *big data* no ha traído un mundo más racional y predecible, sino exactamente lo contrario. Un mundo caótico —ni más ni menos de lo que siempre ha sido— al que todavía se aplica la vieja máxima de Henri Bergson: «De diez errores políticos, nueve consisten simplemente en seguir creyendo verdadero lo que ha dejado de serlo. Pero el décimo, que podría ser el más grave, consiste en dejar de creer en lo que sigue siendo cierto».

Notas bibliográficas

Introducción

- Todas las citas de Goethe por Johann Wolfang von Goethe: *Viaje a Italia* (1786-1788), Milán, Rizzoli, 2007.
- Para una reconstrucción de los principales personajes del estilo carnavalesco: Mijaíl Bajtín, *La cultura popular en la Edad Media y el Renacimiento. El contexto de François Rabelais*, París, Gallimard, 1982.
- Para ilustrar una lectura carnavalesca del populismo: David Brooks, *The Lord of Misrule*, en *The New York Times*, 17 de enero de 2017; Elizaveta Gaufman, en *The Trump Carnival: Popular Appeal in the Age of Misinformation*, en *International Relations*, I-20, 2018.
- La cita del *Financial Times* abre el artículo editorial no firmado *Rome opens its gates to the modern barbarians*, del 14 de mayo de 2018.
- Todas las citas de Dominic Cummings presentes en el libro han sido extraídas de su blog: https://dominiccummings.com.
- La cita de Milo Yiannopoulos ha sido tomada de su vídeo *The Politics of Halloween*: https://www.youtube.com/watch?v=e_muE9faO_g.
- La cita de Mencius Moldbug ha sido extraída de Jaron Lanier, *Ten Arguments For Deleting Your Social Media Accounts Right Now*, Londres, The Bodley Head, 2018.
- Acerca del populismo digital: Francis Brochet, *Démocratie smartphone: Le populisme numérique, de Trump à Macron*, París, François Bourin, 2017;

Alessandro Dal Lago, *Populismo digitale: La crisi, la rete e la nuova destra*, Milán, Raffaello Cortina, 2017; Massimiliano Panarari, *Uno non vale uno: Democrazia diretta e altri miti d'oggi*, Venecia, Marsilio, 2018.

- El libro citado de George Osborne es *The Age of Unreason*, Londres, William Collins, 2019.

1. El Silicon Valley del populismo

- La versión integral de mi entrevista con Steve Bannon ha sido publicada en *Il Foglio,* 1 de octubre de 2018, bajo el título *Il diavolo veste Bannon.*
- Para una reconstrucción detallada del recorrido de Steve Bannon: Joshua Green, *Devil's Bargain. Steve Bannon, Donald Trump and the Nationalist Uprising*, Nueva York, Penguin Press, 2017.
- El cuento de Ennio Flaiano: *Un marziano a Roma,* en *Diario notturno,* Milán, Adelphi, 1994.
- La cita de Mark Lilla ha sido tomada de Mark Lilla, *The Shipwrecked Mind: On Political Reaction*, Nueva York, *New York Review of Books*, 2016.
- La cita de Winston Churchill ha sido extraída del diario *The Times*, 21 de enero de 1927.
- La cita de Francesco Saverio Borrelli procede de Giovanni Orsina, *La democrazia del narcisismo. Breve storia dell'antipolitica*, Venecia, Marsilio, 2018, p. 151.
- Para un análisis de Italia en calidad de laboratorio político contemporáneo: Ilvo Diamanti y Marc Lazar, *Popolocrazia: La metamorfosi delle nostre democrazie*, Bari, Laterza, 2018.

2. El Netflix de la política

- El relato del primer encuentro entre Beppe Grillo y Gianroberto Casaleggio procede del prefacio firmado por el propio Beppe Grillo en el libro de Gianroberto Casaleggio, *Web Ergo Sum*, Milán, Sperling & Kupfer, 2004.
- Ya he escrito sobre el Movimiento 5 Estrellas en el libro *La rabbia e l'algoritmo: Il grillismo preso sul serio*, Venecia, Marsilio, 2017.
- Se proponen otros análisis sobre el Movimiento en: Obsolete Capitalism (editado por), *Nascita del populismo digitale. Masse, potere e postdemocrazia nel XXI secolo*, Obsolete Capitalism Free Press, 2014; Giuliano Santoro, *Breaking Beppe. Dal Grillo qualunque alla Guerra civile simulata*, Roma, Lit Edizioni, 2014; Federico Mello, *Un altro blog è possibile. Democrazia e internet ai tempi di Beppe Grillo*, Reggio Emilia, Imprimatur, 2014; Jacopo Iacoboni, *L'esperimento. Inchiesta sul Movimento 5 Stelle*, Bari, Laterza, 2018. Prácticamente todas las citas de Grillo y Casaleggio presentes en la obra proceden de estos textos, así como del blog www.beppegrillo.it y de Nicola Biondo y Marco Canestrari, *Supernova*, Milán, Salani, 2018.
- Acerca del libo citado de Davide Casaleggio: Davide Casaleggio, *Tu Sei Rete. La rivoluzione del business, del marketing e della politica attraverso le reti sociali,* Milán, Casaleggio Associati, 2012.
- El paralelismo entre el Movimiento 5 Estrellas y Netflix se encuentra en la entrevista concedida por Davide Casaleggio a *Il Corriere della Sera*, 3 de abril de 2017.

3. Waldo a la conquista del planeta

- La tesis sobre la ira es argumentada en Peter Sloterdijk, *Ira y tiempo*, París, Libella-Maren Sell, 2007.
- Los eslóganes punitivos son mencionados por Simon Kuper, *Populists and the glee of punishment*, en *The Financial Times*, sábado 25 de marzo y domingo 26 de marzo de 2017.
- La cita de Jonathan Franzen procede de Francesco Pacifico, *Jonathan Franzen analiza a Donald Trump*, en *IL – Idee e Lifestyle del Sole 24 Ore*, 9 de marzo de 2017.
- Sobre el fenómeno del rechazo de las élites y su relación con las nuevas tecnologías: Thomas M. Nichols, *The End of Expertise: The Campaign against Established Knowledge and Why It Matters*, Nueva York, Oxford University Press, 2017.
- Sobre la impaciencia ligada a las nuevas tecnologías: Gilles Finchelstein, *La Dictature de l'urgence,* París, Fayard, 2011.
- La cita de Sean Parker ha sido extraída de Jaron Lanier, *op. cit.*
- Los datos sobre el uso compulsivo de teléfonos inteligentes proceden de Jean Abbiateci, *Mon smartphone, mon obsession*, en *Le Temps*, 12 de diciembre de 2017.
- Para una lectura psicoanalítica de la rabia: Daniel Marcelli, *Avoir la rage. Du besoin de créer à l'envie de détruire*, París, Albin Michel, 2016.
- La novela autobiográfica de Simone Lenzi es *In esilio*, Milán, Rizzoli, 2018.
- Acerca del estudio del MIT sobre la rapidez de propagación de las noticias falsas: Soroush Vosoughi, Deb Roy, Sinan Aral, *The spread of true and false news online*, en *Science*, 9 de marzo de 2018.

- La cita de Jaron Lanier ha sido extraída de Jaron Lanier, *Dawn of the New Everything: Encounters with Reality and Virtual Reality,* Nueva York, Henry Holt & Co., 2017.
- Los vínculos entre el uso de Facebook y los estallidos de violencia en todo el mundo han sido analizados por, entre otros: Evan Osnos, *Ghost in the Machine*, en *The New Yorker*, 17 de septiembre de 2018.
- La cita de Martin Fuchs proviene de: Jörg Diel, Roman Lehberger, Ann-Katrin Müller, Philipp Seibt: *How the German Right Wing Dominates Social Media*, en *Spiegel Online*, 29 de abril de 2019. https://www.spiegel.de/international/germany/germany-afd-populists-dominate-on-facebook-a-1264933.html.
- Sobre la evolución populista del movimiento independentista catalán: Astrid Barrio, Oscar Barberà y Juan Rodríguez-Teruel, *'Spain steals from us!' The 'populist drift' of Catalan Regionalism*, en *Comparative European Politics*, noviembre de 2018, volumen 16, número 6 (https://link.springer.com/article/10.1057%2Fs41295-018-0140-3).
- Sobre el apoyo de Julian Assange al independentismo catalán: *Julian Assange Told Young Catalans What Chat Apps To Use To Avoid Spanish Authorities*, en *Buzzfeed News*, 8 de octubre de 2017 (https://www.buzzfeednews.com/article/ryanhatesthis/the-story-of-the-catalan-independence-vote-in-spain-for-now).
- Sobre el papel de Facebook en el movimiento de los chalecos amarillos: Vincent Glad, *Dans le combat final des gilets jaunes, Jupiter va affronter des modérateurs Facebook*, en *Libération,* 30 de noviembre de 2018; Olivier Ertzscheid, *Les gilets jaunes et la plateforme*

bleue, en *Affordance.info,* 19 de noviembre de 2018, https://www.affordance.info/mon_weblog/2018/11/gilets-jaunes-facebook-bleu.html.

- La cita de Marylin Maeso ha sido tomada de *Les Conspirateurs du silence*, París, Éd. de l'Observatoire, 2018.
- Para una reflexión filosófica sobre las dinámicas de las redes sociales: Raphaël Enthoven, *Little Brother*, París, Gallimard, 2017.
- Todas las citas de Arthur Finkelstein que aparecen en el libro proceden de su conferencia del 16 de mayo de 2011 en el Instituto Cevro de Praga. Vídeo: https://www.youtube.com/watch?v=lfCBpCBOECU.
- Para una descripción el funcionamiento de la propaganda digital de la Liga Norte: Steven Forti, *La bestia, ovvero del come funziona la propaganda di Salvini*, en *Rolling Stone*, 11 julio de 2018.
- Las citas de Luca Morisi proceden de Bruno Vespa, *Rivoluzione. Uomini e retroscena della Terza Repubblica*, Milán, Mondadori, 2018; y de You Trend, *A tu per tu con lo spin doctor Luca Morisi*, en *You Trend*, 11 de octubre de 2018: https://www.youtrend.it/2018/10/11/atu-per-tu-con-lo-spin-doctor-luca-morisi-intervista/.
- Sobre la campaña digital de la AfD en Alemania: Vernon Silver, *The German Far Right Gets American Aid*, en *Bloomberg Businessweek,* 2 de octubre de 2017.
- Sobre la campaña digital de Jair Bolsonaro en Brasil: Ryan Broderick, *Everything You Need to Know About Jair Bolsonaro, The Donald Trump of Brazil*, en *Buzzfeed,* 8 de octubre de 2018 (https://www.buzzfeednews.com/article/ ryanhatesthis/meet-jair-bolsonaro-the-evangelical-far-rightanti-gay).

- La cita de Andy Wigmore aparece en Tim Shipman, *All Out War: The Full Story of Brexit*, Londres, William Collins, 2017.
- El paralelismo entre la electricidad y los algoritmos es de Paul Vacca, *Les algorithmes de la colère*, en *Trends Tendances*, 5 de abril de 2018.

4. Trol supremo

- La información sobre las búsquedas en Google y las adhesiones a Stormfront durante la noche electoral de la primera victoria de Obama ha sido extraída de Seth Stephen-Davidowitz, *Everybody Lies: Big Data, New Data, and What the Internet Can Tell Us About Who We Really Are*, Nueva York, Harper Collins, 2017.
- Para una reconstrucción veraz e iluminadora de la campaña de Donald Trump: Matt Taibbi, *Insane Clown President. Dispatches from the 2016 Circus*, Nueva York, Spiegel & Grau, 2017.
- Sobre la relación entre Steve Bannon, Milo Yiannopoulos y los *gamers*: Joshua Green, *op. cit.*; Martin Moore, *Democracy Hacked: Political Turmoil and Information Warfare in the Digital Age*, Londres, Oneworld, 2018. También se extrae de estos textos la mayoría de las citas de Bannon y Yiannopoulos.
- La cita de Andrew Breitbart aparece en una entrevista concecida a *Accuracy in Media*, el 5 de mayo de 2011: https://www.aim.org/podcast/take-aim-andrew-breitbart/. Su ensayo es *Righteous Indignation: Excuse Me While I Save the World*, Nueva York, Grand Central Publishing, 2011.

- La investigación sobre los Clinton financiada por Bannon es Peter Schweizer, *Clinton Cash: The Untold Story of How and Why Foreign Governments and Businesses Helped Make Bill and Hillary Rich*, Nueva York, Harper, 2015.
- Sobre el traslado de la transgresión hacia la derecha del espectro político: Franco Berardi alias «Bifo», *Futurabilità*, Roma, Nero, 2018.
- La cita del productor de telerrealidad: Seth Grossman, *Donald Trump, Our Reality TV Candidate*, en *The New York Times*, 27 de septiembre de 2015.
- Sobre el culto de la autenticidad en los programas de telerrealidad: Susan Murray y Laurie Ouellette (Eds.), *Reality TV. Remaking Television Culture*, Nueva York, New York University Press, 2004.

5. La extraña pareja en Budapest

- La biografía de referencia de Viktor Orban es Paul Lendvai, *Orban: Hungary's Strongman*, Oxford, Oxford University Press, 2016.
- Las citas de Viktor Orban proceden de sus discursos oficiales y de entrevistas concedidas a *Bloomberg News* el 14 de diciembre de 2014 (https://www.bloomberg.com/news/articles/2014-12-15/hungary-on-path-to-shed junk-grade-and-shield-forint-orban-says) y a *Politico* el 23 noviembrede2015 (https://www.politico.eu/article/viktororban-interview-terrorists-migrants-eu-russia-putin-bordersschengen/).
- A modo de reconstrucción detallada de la campaña contra los migrantes: Daniel Howden, *The Manufacture of Hatred: Scapegoating Refugees in Central Europe*, en *Refugees Deeply*, 14 de diciembre de 2016 (https://www.newsdeeply.com/refugees/articles/2016/12/14/the-manufacture-ofhatred-scapegoating-refugees-in-central-europe).

- Para un análisis esclarecedor de la evolución de Europa del Este: Ivan Krastev, *Explaining Eastern Europe: Imitation and Its Discontents*, en *Journal of Democracy*, julio de 2018.
- El texto del vademécum del Movimiento 5 Estrellas puede encontrarse en Nicola Biondo y Marco Canestrari, *op. cit.*
- Para una sociografía de los electores de la AfD: Patrick Moreau, *Alternative für Deutschland: Établissement électoral, de la création en 2013 aux élections régionales de Hesse d'octobre 2018,* París, Fondation pour L'innovation Politique, 2018.
- Sobre la convergencia de los extremos en Francia: Dominique Nora, *Fâchés et fachos*, en *L'Obs,* 15 de noviembre 2018.

6. Los físicos

- La obra de Friedrich Dürrenmatt es *I fisici*, Turín, Einaudi, 1985.
- La cita de Auguste Comte ha sido extraída de *La Science sociale*, París, Gallimard, 1972.
- A propósito de la industria de la vida: Éric Sadin, *La Siliconisation du monde*, París, Éditions L'Échappée, 2016.
- La cita de Tucídides procede de Luciano Canfora, *La natura del potere*, Bari, Laterza, 2009.
- Sobre el uso de ingeniería de datos en la campaña a favor del Brexit: Tim Shipman, *op. cit.*
- Sobre la campaña de reelección de Barack Obama: Sasha Issenberg, *The Victory Lab: The Secret Science of Winning Campaigns*. Y sobre el *big data* como «microscopio político»: Zeynep Tufekci, *Engineering the public: Big data, surveillance and computational politics*, en *First Monday*, volumen 19, número 7, 7 de julio de 2014.

- Sobre el uso de datos en la campana electoral de Trump: Joshua Green y Sasha Issenberg, *Inside the Trump bunker with 12 days to go*, en *Bloomberg Businessweek*, 27 de octubre de 2016; Sue Halpern, *How He Used Facebook to Win*, en *The New York Review of Books*, 8 de junio de 2017.
- Acerca de las campañas electorales convertidas en guerras de software: Jamie Bartlett, *The People Vs. Tech: How the Internet Is Killing Democracy*, Londres, Ebury, 2018.
- Michel Foucault profetizó la abolición de la multitud en su ensayo *Surveiller et punir*, París, Gallimard, 1975.
- Sobre la política centrífuga: Peter Pomerantsev, *Pop-Up People*, en *Granta Magazine*, 15 de agosto de 2017; Peter Pomerantsev, *The Mirage of Populism*, en *The American Interest*, 22 de diciembre de 2017.
- Sobre la nueva economía del extremismo: Nick Cohen, *Tommy Robinson and the rise of the new extremists*, en *The Spectator*, 7 de junio de 2018.
- Sobre el líder político como inspector («revizor» en ruso en el original): Christian Salmon, *La cérémonie cannibale: De la performance politique*, París, Fayard, 2013.
- El libro de Peter Gay sobre la República de Weimar: Peter Gay, *Weimar Culture: The Outsider as Insider*, Nueva York, Norton, 2013.
- La cita de Nassim Nicholas Taleb procede de su libro *Skin In the Game: Hidden Asymmetries in Daily Life*, Nueva York, Random House, 2018.
- El studio de Serge Galam sobre Trump: *The Trump Phenomenon: An Explanation from Sociophysics*, 22 de Agosto de 2016: https://arxiv.org/abs/1609.03933.

- Sobre las cascadas cognitivas: Cass R. Sunstein, *#republic: Divided Democracy in the Age of Social Media*, Princeton, Princeton University Press, 2017.
- Sobre la desafección democrática de las jóvenes generaciones: Roberto Stefan Foa y Yascha Mounk, *The Democratic Disconnect*, en *Journal of Democracy*, volumen 27, número 3, julio de 2016.

Conclusión

- Sobre el aspecto festivo del carnaval populista: Michel Maffesoli, *Gilets jaunes en sécession: les élites désemparées face à l'extrême-peuple*, en *Atlantico*, 24 de diciembre de 2018: https://www.atlantico.fr/decryptage/3562131/giletsjaunes-en-secession--les-elites-desemparees-face-a-l-extremepeuple-michel-maffesoli.
- Sobre la importancia del control: Leonard Mlodinow, *The limits of control*, en *The International Herald Tribune*, 17 de junio de 2009.
- Sobre la democracia como sistema que permitiría a una comunidad tomar el control sobre su destino: John Dunn (Ed.), *Democracy: The Unfinished Journey*, Oxford, Oxford University Press, 1992.
- *Brexit: The Uncivil War*, la ficción televisiva interpretada por Dominic Cumberbatch, fue producida por Channel Four (*BBC*) en 2019.
- Sobre el disfrute de los independentistas catalanes: Astrid Barrio, *¿A quién hace feliz el procés?*, en *El Periódico*, 5 de julio de 2018.
- Dominique Reynié describe el populismo patrimonial en *Les nouveaux populismes*, París, Fayard/Pluriel, 2013.

- Para una reconstrucción del surgimiento de la corriente *New Politics* de Roosevelt: David Colon, *Propagande: La manipulation de masse dans le monde contemporain*, París, Belin, 2019.
- A propósito de una idea visionaria (y que precede a Internet) de la política cuántica: Theodore L. Becker (Ed.), *Quantum Politics: Applying Quantum Theory to Political Phenomena,* Praeger, Nueva York, 1991.
- La cita de Antonio Ereditato procede de Edoardo Boncinelli y Antonio Ereditato, *Il cosmo della mente: Breve storia di come l'uomo ha creato l'universo*, Milán, Il Saggiatore, 2018.
- La cita de John Maynard Keynes procede de *Am I A Liberal?*, en *The Nation & Aethenaeum*, 15 de agosto de 1925.

Epílogo

- La cita de Lord Chandos procede de: Hugo von Hofmannsthal, *Lettre de Lord Chandos et autres essais.* París, Gallimard, 1980, p. 80.
- Sobre la mutación transgresora de la extrema derecha: Pablo Stefanoni, *La rébellion est-elle passée à droite? Dans le laboratoire mondial des contre-cultures réactionnaires*, París, La Découverte, 2022.
- Los desvaríos de Steve Bannon sobre «Dave el contable» proceden de: Jennifer Senior en «American Rasputin», *The Atlantic*, julio-agosto 2022.
- Gilles Gressani introduce la noción de tecno-soberanismo en: «Giorgia Meloni n'incarne pas le retour du fascisme, mais l'apparition d'une nouvelle formule politique», *Le Monde*, 21 septiembre de 2022.

- El análisis de Raphaël Llorca sobre la nueva estrategia apaciguadora de Marine Le Pen procede de: «Pour répondre à l'archipel français, la campagne-thérapie», del trabajo de Gilles Finchelstein y Raphaël Llorca, «Contrevenir à la stratégie du rassemblement de Marine Le Pen», incluido en *Le Dossier Le Pen : Idéologie, Image, Électorat*. Fundación Jean Jaurès, abril de 2022.
- La cita de Henri Bergson procede de: Régis Debray, *Supplique aux nouveaux progressistes du XXIe siècle*, Paris, Gallimard, 2006, p. 49.